SAMUEL KOCH

SCHWERELOS

Wie das Leben leichter wird

SAMUEL KOCH

schwerelos

WIE DAS LEBEN LEICHTER WIRD

adeo

Inhalt

ANFANG

WIR BEFINDEN UNS IM 21. JAHRHUNDERT NACH CHRISTUS.

UNSICHERHEIT, ANGST, KRANKHEIT, DEPRESSION, KRIEG, EINSAMKEIT, WUT UND MEHR LASTET SCHWER AUF VIELEN VON UNS.

EIN MANN KONNTE DIESE SCHWERE NICHT LÄNGER ERTRAGEN. IN EINEM NOCH NIE DA GEWESENEN SELBSTVERSUCH ZOG ER AUS AUF EINE LANGE, BESCHWERLICHE REISE (MANCHE NENNEN SIE DAS LEBEN). ER TRAINIERTE HART. VERGOSS LITERWEISE BLUT, SCHWEISS UND TRÄNEN. ER FLOG HOCH HINAUS UND FIEL HART ZU BODEN. JEDOCH BLIEB ER NICHT LIEGEN, SONDERN STAND AUF. IMMER WIEDER. EINZIG EIN ZIEL VERFOLGEND:

WIE WERDEN WIR DIE SCHWERE LOS?

Egal, ob du Kinder hast,
Sohn oder Tochter bist, ob Frisör oder
Unternehmerin, Krankenpfleger oder Künstlerin,
ob arm oder reich, ob schön, faul, erfolgreich, freundlich
oder nicht – irgendwann erwischen sie uns alle:
die schweren Zeiten. Oder

gibt es ein Leben ohne Schwere?

Ich befürchte, jeder hat irgendetwas in seinem Leben, das es schwer macht. Ganz gleich, ob ein tödlicher Virus, die siebte Impfung, Beziehungsprobleme oder Schulsorgen, finanzielle Not, Botox-Auffrischung, Schwiegermutter, Insta-Algorithmen, Staus und Behinderungen oder andere existenzielle Probleme.

Oma hat immer gesagt: „Das Leben ist eins der schwersten." - „Aber auch eins der schönsten!", würde ich ihr am Ende dieses Buches gern entgegensetzen.

**Was fällt den Menschen gerade besonders schwer?
Was fällt dir besonders schwer? In welchen Bereichen deines Lebens
würdest du dir mehr Leichtigkeit wünschen?**

PARTNERSCHAFT

GESUNDHEIT

BERUF

FREIZEIT

FINANZEN

FAMILIE UND FREUNDE

SPIRITUALITÄT

Niemand hat es gern schwer.
Jeder will irgendwie ein leichtes Leben. Oder?

Seit ich denken kann, trachte ich nach dem Zustand der Schwerelosigkeit. Schon als Kind beim Kunstturnen konnte ich nicht aufhören, Saltos zu schlagen. Grob geschätzt waren es allein im Training zirka 172.380 Saltos – Wettkampf- und Privatsaltos nicht eingerechnet. Besonders liebte ich den Moment im Zenit einer jeden Flugkurve, in der man für einen kurzen Moment scheinbar schwebend Schwerelosigkeit erfährt. Der Moment, der es überhaupt erst ermöglicht, die Bewegungsimpulse in alle nur erdenklichen Rotationsachsen zu lenken, die den Salto zu diesem wunderbaren Flugelement machen, das zuschauende wie ausführende Menschen so lieben. Absurderweise war es ausgerechnet ein solcher Salto, bei dem ich Holzkopf mir viermal das Genick gebrochen habe.

Seither ist die Erdanziehungskraft ein Problem für mich. Ich sehe vielleicht nicht so aus, aber mitsamt Rollstuhl Demutspanzer wiege ich zirka 240 Kilo, plusminus Schokoriegel, und weiß besser denn je, wie sich Schwere anfühlt.

Umso mehr beschäftigt mich seit dieser drastischen Gewichtszunahme die Frage: Kann man trotz Schwere Leichtigkeit empfinden? Wie wird man

SCHWERE LOS?

Schweres LOSLASSEN

Am Anfang von allem Leichterwerden steht das Loslassen. Warum fällt uns das so schwer? Vielleicht hat es mit dem Greifreflex zu tun, den wir ja schon als winzige Babys haben. Wir klammern uns an unsere Vorstellungen, Ideale und Beziehungen, als hinge unser Leben davon ab.

Aber: Tut es das?

Es ist eine der wichtigsten und schwierigsten Tugenden, von der wir alle irgendwann Gebrauch machen müssen, ganz gleich, ob man ein Haustier loslässt, einen Freund, der wegzieht, Träume, Wunschvorstellungen oder liebe Menschen ... Aber manchmal ist Festhalten schmerzhafter als Loslassen. Und so schafft zum Beispiel das kleine beschwerliche Wörtchen „Nein" Erleichterung. Los-LASSEN durch Schweres-TUN.

Die radikalsten Folgen des Nicht-Loslassens unterstrich wohl schon Jesus vor knapp 2000 Jahren: „Wer sein Leben um jeden Preis festhalten will, wird es verlieren."[1] Das kleine Wörtchen Nein fällt schwer, aber macht vieles leichter. Eine schwere Entscheidung, und schon bin ich viel Schwere los.

Es gibt zwei Arten loszulassen:

Einmal mit den Handflächen nach unten, dann fällt runter, woran man sich geklammert hat.

Oder mit den Handflächen nach oben, dann hat es eine Chance zu fliegen.

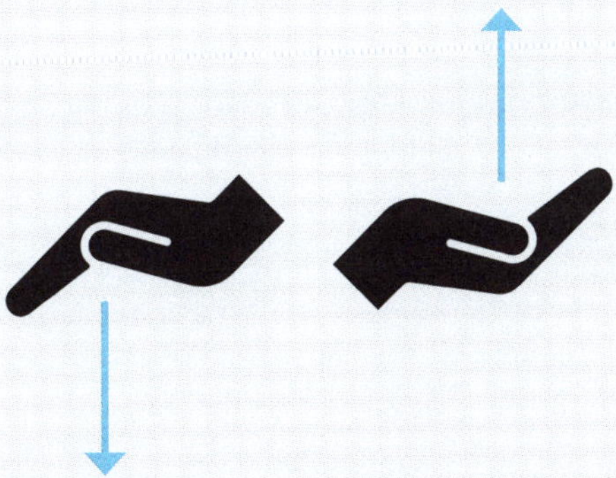

Anbei eine Geschichte, die mir auf meiner Reise begegnet ist und schon vielen Menschen die Chance vor Augen geführt hat, die dem Loslassen innewohnt. Zum ersten Mal erzählt wurde sie mir von der Mama der lieben Elva, die bereits im Rollstuhl sitzt, seit sie hätte laufen können:

Wenn man ein Kind erwartet, ist das ein bisschen so, als würde man eine Urlaubsreise planen. Zum Beispiel nach Italien. Schon immer wolltest du dieses Land sehen. Jeder hat dir erzählt, wie wunderbar es dort ist. Du schaffst dir einen Haufen Reiseführer an und beginnst, Pläne zu schmieden, was du alles sehen willst: das Kolosseum, den David von Michelangelo, die Gondeln in Venedig. Du lernst schon mal ein paar Sätze auf Italienisch.

Nach Monaten der eifrigen Vorbereitung ist es dann endlich so weit. Du packst die Koffer und los geht es.

Einige Stunden später landet das Flugzeug. Die Flugbegleiterin sagt: „Willkommen in Holland!"

„Holland?", rufst du. „Was soll das heißen, Holland? Ich wollte doch nach Italien!" Doch die Maschine ist in Holland gelandet, und du kannst nichts dagegen machen.

Das Gute ist, du bist nicht an einem hässlichen, üblen Ort gestrandet. Nur an einem anderen als geplant. Also musst du jetzt losgehen und dir neue Reiseführer besorgen. Und du musst eine komplett neue Sprache lernen. Und du wirst eine ganze Menge neuer Leute treffen, denen du sonst nie begegnet wärst.

Es ist einfach ein anderer Ort. Das Tempo ist ein bisschen langsamer als in Italien. Vielleicht hat es auch nicht dasselbe Flair. Aber nach und nach bemerkst du, dass es in Holland diese schönen Windmühlen gibt. Und leckeren Käse. Und sensationelle Tulpen. Und Rembrandt.

Aber immer noch schwärmen dir deine Freunde von Italien vor, dem absoluten Traumland. Und für den Rest deines Lebens denkst du: „Ja, das war es, wo ich eigentlich hinwollte. Das war es, was ich geplant hatte."

Und der Schmerz darüber wird niemals vergehen. Weil der Verlust dieses Traums ja auch real und schmerzhaft ist. Aber wenn du dein Leben damit verbringst, darüber zu trauern, dass du nicht in Italien gelandet bist, dann wirst du vermutlich nie die ganz eigene, besondere, liebenswerte Schönheit von Holland genießen können.

Auch ich hatte so manche Holland-Momente, in denen ich nicht nur begriffen, sondern sogar selbst erfahren durfte:

Es ist möglich, sich ganz unabhängig von den Umständen leicht zu fühlen. Wenn man es schafft, loszulassen, was man bis dato zu seinem Glück zu brauchen dachte.

Wie bei einem Navigationssystem, wenn man sich verfahren hat, das dann seelenruhig sagt: **„Die Route wird neu berechnet."** Es zeigt einen anderen Weg, der ebenfalls ans Ziel bringt – nur eben auf einer alternativen Route.

Um diese alternative Route zu finden, muss man sich manchmal auf die „Werkseinstellung" zurücksetzen, einen Reset machen.

Die Älteren unter uns (und die Nicht-Apple-User) kennen noch die Tastenfolge „Steuerung – Alt – Entfernen" auf dem Computer, oder bei englischen Computertastaturen „Control – Alt – Delete". Auch ich erlitt einen herben **Kontroll**verlust und musste die **Steuerung** loslassen, ich hatte keine „**Alt**" (Alternative), und deshalb wurde alles bisher Gespeicherte und Erarbeitete entfernt. Drückt man diese Tasten in Kombination, bewirkt man einen forcierten Systemabsturz und daraufhin einen Neustart.

Genau das musste auch ich in meinem scheinbar unkontrollierten, alternativlosen und gelöschten Teil des Lebens tun. Als nur noch der Cursor auf einem ansonsten leeren Bildschirm blinkte, war ich gezwungen, mich zu fragen: Wer bin ich, wenn mir alles, was mich zu bestimmen schien, weggenommen wird?

Das erwies sich als schwierig, aber befreiend. Noch mal ganz neu anfangen zu können, auf einem ganz weißen, unbeschriebenen Blatt, das hat ja auch viel Schönes. Und wer loslässt, hat bekanntlich beide Hände frei.

In Resonanz mit Menschen um mich herum durfte ich erfahren, dass mir Denken, Weinen, Lachen, Fühlen, die Fantasie, das Gewissen und vieles mehr auch ohne körperliche Bewegung noch geblieben waren. Also alles, was den Menschen zum Menschen macht. Und dass das Leben nicht so arm an Möglichkeiten ist, dass es durch den Verlust von Beweglichkeit lebensunwert würde. Auch wenn es mir immer noch nicht leichtfällt, das zu sagen: Es gibt wohl Wichtigeres, als sich bewegen zu können.

Und auch Wichtigeres als körperliche Gesundheit, meine lieben „Hauptsache-gesund-Menschen" da draußen ☺. Natürlich leichter gesagt als gelebt – aber im Grunde ist es doch ganz einfach.

Schauen wir uns nur mal ein Neugeborenes an. Dieser frisch gepresste Mensch kann erst mal absolut gar nichts. Er hat seiner Mutter bei der Geburt große Schmerzen zugefügt und liegt jetzt nutzlos rum, saugt und kotzt und schläft und schreit und kackt eine Windel nach der anderen voll. Und trotzdem wird er geliebt. So extrem geliebt, dass die meisten Eltern bereit wären, für ihre Kinder zu sterben. Er hat absolut nichts geleistet, um das zu verdienen.

Und ich behaupte, dass wir uns dieser verdienstfreien Liebe auch im restlichen Verlauf unseres Lebens bewusst sein dürfen. Wir alle sind allein durch unser Dasein wertvoll. Selbst wenn wir nichts (mehr) tun können, verändert sich unser Wert nicht. Wir dürfen all unser Tun und Nicht-tun, Leisten und Versagen, Gewinnen und Verlieren einfach mal loslassen. Und ich werde nicht müde, es zu betonen: Wir sind weder Human Havings noch Human Doings, sondern Human Beings.

Zum Selberdenken:

Woran versuche ich festzuhalten?

Wo verbrenne ich Zeit, Geld, Gedanken ...?

Welche Enttäuschungen könnte ich loslassen?

Durch wen oder was bestimme
ich meinen Wert?

Wie machen wir uns los von Angst, Wut, Hass, Konflikten und Depressionen und – noch viel wichtiger – schweren Gedanken und Gefühlen, die allgegenwärtig sind, sobald man einen Blick in die Nachrichten wirft? Wie legt man los? Wie lässt man los? Ganz gleich ob schwere oder leichte Dinge.

Antworten auf diese Fragen finden zu wollen klingt vermessen, und ich befürchte, dass es keine universelle Betriebsanleitung gibt für den Umgang mit schweren Zeiten – und dennoch begebe ich mich auf meine ganz persönliche „Mission Possible": die Reise zur Schwerelosigkeit!

Dazu möchte ich herausfinden, wie wir schwerelos werden und Schwere loswerden – physisch wie geistig – und im Selbstversuch testen, was es für Möglichkeiten gibt, damit ich und auch andere über den eigenen Gefühlsrand hinauswachsen können. Vielleicht gibt es ja sogar wieder eine Chance, die schon als Kind heißgeliebten Saltos zu schlagen? Bevor wir aber tiefer in die Abwehrkräfte gegen die Schwere einsteigen, geht es erst mal einen Schritt zurück. **Ausgehend davon, dass Körper, Seele und Geist zusammenhängen und Geist Materie formt, beginnt unsere Reise mit dem, was unsere Welt zusammenhält: den Naturgesetzen.**

Ich wäre gerne schwerelos
Doch das ist nicht so leicht
Ich kenne keinen, der es ist und
keinen, der's mir zeigt

Wie werde ich die Schwere los?
Und dann wohin damit?
Was, wenn ich plötzlich abheb'
hält dann irgendwer noch Schritt?

Warum ist es schwer zu fliegen
und so leicht, einfach zu stehen
und wie kann ich etwas lernen
was kein Mensch bisher versteht?

Sarah-Marie

01

Newton und der Apfel

Die Schwerkraft erklärt die Bewegungen der Planeten, aber sie kann nicht erklären, wer die Planeten in Bewegung setzt.
Isaac Newton

Wir fangen mit etwas Einfachem an. Den Fakten, die wir sehen und fühlen können. Der uns umgebenden Natur. Der Physik. Lassen sich aus ihr Rückschlüsse für unser alltägliches Leben ziehen? Um Schwerelosigkeit zu erreichen, muss man in logischer Konsequenz das Gegenteil von ihr loswerden: die Schwerkraft. Es ist immer gut, seinen Gegner zu kennen. Was hat es also auf sich mit der Schwerkraft?

Alles zieht sich an: Du und ich ziehen uns an. Die Erde zieht den Apfel an und er fällt Newton auf den Kopf. Die Erde zieht auch uns an und hält uns fest. Gemeinsam ziehen wir den Mond an und er uns. Gleichzeitig ziehen wir an der Sonne und sie zieht an uns und an all ihren anderen Planeten. Wie ein Hammerwerfer im Stadion mit einem Stahlseil am Hammer zieht und ihn um sich herumschleudert, so zieht die Erde am Mond (nur eben mit Schwerkraft statt Stahlseil), und deshalb dreht sich der Mond um die Erde. Würde jemand die Schwerkraft abschalten, würde der Mond davonfliegen wie der Hammer des Hammerwerfers.

Die Schwerkraft hält das Universum zusammen.

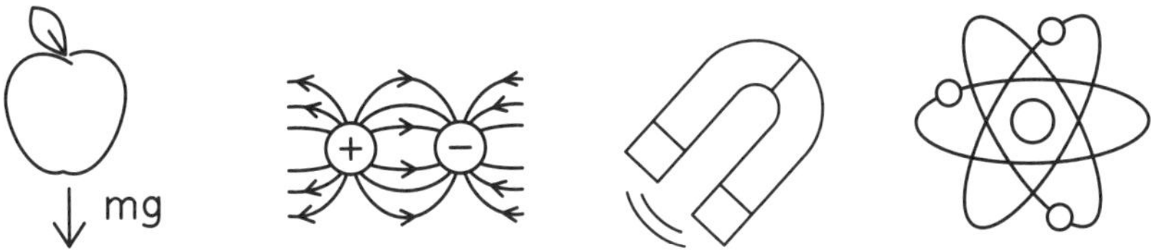

Es gibt vier Hauptkräfte im Universum ... die Gravitation, die elektromagnetische Kraft, die schwache Kernkraft und die starke Kernkraft. Die Schwerkraft ist die schwächste davon. Und sie hat eine Besonderheit: Als einzige Kraft ist sie nicht abschirmbar. **Es gibt keine Anti-Gravitation. Heißt: Gegen die Schwerkraft scheint kein Kraut gewachsen.**

Sie ist die geheimnisvollste der vier Hauptkräfte. Die allgemeine Relativitätstheorie vom guten Albert, die sie erklären soll, ist genau das: eine Theorie. Sie beschreibt alles sehr genau, erklärt aber nichts.

Unter Schwerelosigkeit (oder Gewichtslosigkeit) versteht man das Phänomen, dass zum Beispiel in einer Raumstation, die die Erde umkreist, Gegenstände oder Körper keine Kraft auf eine Unterlage oder Aufhängung ausüben. Sie „schweben" im Raum. Die Gewichtskraft ist zwar da, aber nicht spürbar. Warum?

Jeder kennt das: Wenn ein Aufzug sich ruckartig nach unten in Bewegung setzt, rutscht einem der Magen für einen kurzen Moment ein Stückweit nach oben, weil der Boden unter den Füßen nachgibt. Würde der Fahrstuhl völlig frei runterfallen und niemals ankommen, würde er genauso schnell fallen wie ich, und es gäbe keine Verbindung mehr zwischen dem Fahrstuhlboden und mir. Weil ich keinen Boden unter den Füßen hätte, würde ich immer weiter fallen und wäre schwerelos wie in einer Raumkapsel.

Man ist nicht schwerelos, weil die Schwerkraft aussetzt, sondern man ist schwerelos, weil man sich im freien Fall befindet.

Heißt: Astronauten im Weltall befinden sich die ganze Zeit im freien Fall.

HÄ?

Noch ein Beispiel: Wenn du einen Sandeimer in hohem Bogen wegwirfst, wird **während** des Flugs kein Sand aus dem Eimer fallen, weil Eimer und Sand auf der gleichen Flugkurve fliegen (ähnlich wie beim Fahrstuhl). Und je schneller man den Eimer wegwirft, desto weiter wird er fliegen. Und wenn du ihn schnell genug werfen könntest (mit 7,5 Kilometer pro Sekunde), würde er so weit fliegen, dass er wegen der Erdkrümmung gar nicht mehr auf den Boden käme.

Und genau das machen die da oben in der Raumkapsel. Sie fallen sozusagen ständig um die Erde herum und kommen nie „unten" an, weil sich die Erde unter ihnen wegkrümmt. Sie fliegen aber auch nicht weg wie der Hammer, weil die Schwerkraft immer noch stark genug ist, um sie auf ihrer Hammerwerferumlaufbahn zu halten.

Noch mehr praktisches Wissen für den Alltag:
Wenn man es der Schwerkraft leichter macht, indem man aus einem Raum die Luft abpumpt, fallen zum Beispiel eine Bowlingkugel und eine Feder exakt gleich schnell[2]. Warum? Weil das Ganze nichts mit dem tatsächlichen Gewicht zu tun hat. Sondern unter anderem mit dem Luftwiderstand. Wie so oft im Leben misst sich alles an der **Stärke des Widerstands!**

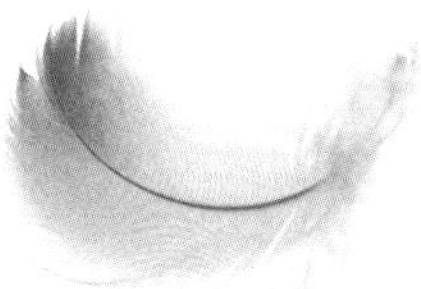

02

Möglichkeiten, um schwerelos zu werden

... und was hält uns davon ab?
Welche Gefühle beeinflussen unsere Entscheidungen?
Freude, Angst, Kummer, Wut?

FREUDE: Juhuuu! Endlich schwere-los! Ich liebe schwerelos! Let's go.
ANGST: Neeeein, das ist alles viel zu gefährlich!
EKEL: Und ich muss kotzen.
WUT: Halt die Klappe!
ÜBERRASCHUNG: Monopoly?
KUMMER: (schweigt)

Geboren werden und sterben sind zwei recht schwere Angelegenheiten. Dagegen kann man schon mal gar nichts tun. Zwischen diesen beiden Ereignissen haben wir aber einen kleinen Handlungsspielraum, je nachdem, in welchen Kontext wir hineingeboren werden. Innerhalb dessen sind wir abhängig von vielen verschiedenen Faktoren, wie den Naturgesetzen. Die können wir nur schwer und höchstens kurzzeitig austricksen. Heißt es.

Na gut, das sollte aber kein Grund sein, es nicht wenigstens zu versuchen. Oder?

Zwei Dinge gibt es, die uns daran hindern, es einfach auszuprobieren: Äußere Einflüsse und innere.

Achtung, es folgt eine absolut furchtbare Doppelseite.

Ich empfehle, sie zu überspringen.

IST DAS NICHT VIEL ZU GEFÄHRLICH? WAS BRINGT MIR DAS? VIEL ZU KOMPLIZIERT. ERGIBT DAS ÜBERHAUPT SINN IN MEINEM ZUSTAND? ICH SCHAFF DAS NICHT. ICH TRAU MICH NICHT. ICH BLEIB LIEBER ZU HAUSE. ICH HAB KEINE LUST. ICH HAB ANGST. ICH BIN MÜDE. MACH ICH MORGEN. ICH FÜHL MICH NICHT DANACH. WAS DENKEN DIE ANDEREN?

DAS GEHT NICHT!

Innere Schweinehunde

DAS WIRD NICHT FUNKTIONIEREN. DAS IST NICHT MEIN PROBLEM. DAS GEHT NICHT SO EINFACH. DAS IST NICHT MEIN ZUSTÄNDIGKEITSBEREICH. DA KANN ICH NICHTS MACHEN. DAS KOSTET ZU VIEL GELD. DAFÜR HABEN WIR KEINE ZEIT. SIND SIE VERSICHERT? DIE VORSCHRIFTEN VERBIETEN DAS. DAFÜR BIN ICH NICHT AUSGEBILDET. DARAUF SIND WIR NICHT VORBEREITET. DA HÄTTEN SIE SICH FRÜHER MELDEN MÜSSEN.

DAS GEHT NICHT!

Äußere Schweinehunde

„Das geht nicht."

Wenn ich den Satz höre, kriege ich allergische Flecken. Seit ich in meinem Leben feststellen musste, was alles tatsächlich nicht mehr geht, versuche ich, dieser Negativbilanz einige Dinge wieder abzutrotzen.

Wenn wir nie etwas versuchen würden, was unmöglich scheint oder was noch nie jemand geschafft hat, würden wir nichts verändern. **Alle sagten: Das geht nicht. Dann kam einer, der wusste das nicht, und hat's gemacht. Wie die Hummel, die fliegt, obwohl sie eigentlich zu dick ist. Aber weil sie das nicht weiß, fliegt sie trotzdem.**

Wer nichts weiß, kann viel lernen. Menschen, die alles planen und sicher wissen wollen, haben es schwerer zu vertrauen. Wenn ich voller Vertrauen losziehe, habe ich keine Sicherheit. Aber Freiheit. Also Schwerelosigkeit? Manchmal muss man sich entscheiden: Sicherheit oder Vertrauen.

Für alle, die so wie ich gerne ihre Träume verwirklichen (auch wenn der Traum noch so bescheuert ist), für alle, denen diese ekligen Sätze bekannt vorkommen, für alle, die ausgebremst werden, für alle, die manchmal Schwierigkeiten haben loszugehen oder die keine 2.000 Euro kriegen, wenn sie über „Los" gehen oder die nicht mal gehen können, für alle, denen Kraft oder Mut fehlt; für alle, die sich nicht mit dem Status Quo zufriedengeben wollen, für alle, die Angst haben, möchte ich mich auf den Weg machen.

Natürlich werde ich hier (durch die folgenden lustigen Experimente) nicht den ultimativen Beweis antreten können. Ich kann auch nicht in deine Lebensrealität hineinschauen, aber ich möchte ermutigen. Ganz gleich wie fern deine persönlichen Schwerelos-Momente scheinen: Es gibt immer Hoffnung.

Ich bin sehr skeptisch, was „Alles wird gut"-, „Kopf hoch"- „Aufstehen, Krone richten"- „Yes you can"- „Du musst es nur wollen"-, „Glaub an dich"-Parolen anbelangt. Aber zumindest kann ich nicht zuletzt durch folgende absurde Traumverwirklichungen sagen. Selbst, wenn niemand mehr daran glaubt, und du derjenige bist, der am meisten zweifelt, das Leben kann weiter gehen als du denkst.

> **Wünsche in die Realität umzusetzen, ist die Herausforderung, an der alles scheitert oder zu einem großen Abenteuer wird.**
> *Else Pannek*

03

Schwerelosigkeit im Selbstversuch

Schwerelosigkeits-Pioniere sind natürlich Astronauten. Aber wie bereiten sie sich vor? Unter anderem mit Training im Tauchbecken. Also unser erstes Testgebiet für mehr Leichtigkeit:

Schwimmen

Nach Newton und den anderen Schlaumeiern müsste ich im Wasser schon mal einen guten Teil meines Gewichts loswerden. Denn hier wirkt die Auftriebskraft der Schwerkraft entgegen. ! Achtung ! in diesem Dialog könnte schon eine wichtige Wahrheit für die folgenden Experimente stecken?!

Realist: Wie viel % des eigenen Gewichtes „verliert" ein Körper unter Wasser?

Schlaumeier: Ein Körper verliert immer so viel an Gewicht, wie er an Wasser verdrängt. Das ist das archimedische Gesetz. Wobei man unterscheiden muss, ob du von Gewicht oder von Masse sprichst. Das Gewicht verringert sich in demselben Maße wie das Volumen des verdrängten Wassers.

Realist: Ach vergiss es. Wenn er wieder rauskommt, ist er sowieso so fett wie vorher.

Wenn mein Körper um das Gewicht des von ihm verdrängten Wassers leichter wird, müsste ich also schwerelos sein, wenn ich untertauche – oder? Für den Einstieg ist das Schnorcheln in einigermaßen ansehnlichem Gewässer schon eine angenehme Erfahrung. Die Stille, das Treibenlassen des Körpers und der Naturverbundenheitsfaktor sehr hoch.

Der nächste Schritt, mit Sauerstoffflasche für einen längeren Zeitraum auch in tieferen Gewässern ganz abzutauchen, ist abgesehen vom massiven Stress, den es bedeutet, einen schlabbrigen Körper wie meinen in einen hautengen Neoprenanzug zu quetschen, ein absoluter Zugewinn zum Schnorcheln. Wasser ist übrigens das Element, das mir die meisten Menschen in meiner persönlichen Umfrage als ihr liebstes Leichtigkeits-Erlebnis genannt haben. Auch der gute beste Eckart von Hirschhausen hat mir verraten, dass er seinen schönsten Schwerelos-Moment beim Tauchen mit einer 200 Jahre alten Meeresschildkröte erlebt hat.

**Schöner wär's und bleibt's,
wenn wir die Ozeane
nicht noch mehr verdrecken.**

Spacecurl

Weiter geht´s mit dem Astronauten-Trainingsprogramm, diesmal mit einem Gerät, das manche Aerotrim nennen, andere 3D-Spacecurl. Wie auch immer: Es funktioniert nach dem Prinzip eines Gyroskops. Der Mensch wird in dem Ding stehend festgeschnallt und kann sich in alle Richtungen drehen und überschlagen.

Als ich davon hörte, dachte ich: „Perfekt! Genau mein Style. Attacke!" Aber auch hier bekam ich schon in der Vorbereitung den Satz vor den Latz geknallt: „Das geht nicht" – „Mit jemandem wie Ihnen haben wir das noch nie gemacht", „zu wenig Körperspannung", „keine Befestigungsmöglichkeiten", „die Sicherheit nicht gewährleistet". Die üblichen destruktiven Floskeln eben. Mein typisches Reaktanz-Reaktions-Schema ist mittlerweile ein unverbesserliches „Das wollen wir doch mal sehen – Der Drops ist noch nicht vom Eis! Die Kuh ist noch nicht gelutscht!"

Und siehe da, nur wenige Wochen später sah ich rein zufällig bei einer Veranstaltung ein solches Spacecurl im Festzelt herumstehen. Ich fragte die Handwerker und Techniker, die dort zugange waren, freundlich, ob wir mal ausprobieren könnten, mich da reinzuschnallen. Mit ein bisschen Fantasie, Hirnschmalz und Spucke, ein paar Holzlatten und Sofakissen, etwas Geduld sowie sehr viel Gaffertape und ohne Akademiker hatte ich drei Stunden lang den Spaß des Jahres. Sehr vieles geht eben doch. Wenn man will.

Fazit: Das ideale Gerät, um seinen Körper kennenzulernen, sich im Raum zu orientieren, das Gleichgewichtsorgan zu schulen und damit für alle kommenden Weltraumexpeditionen vorbereitet zu sein. Weil das Gerät so viele positive Effekte hat, kann man es mittlerweile in immer mehr Reha-Einrichtungen ausprobieren. Oder bei mir im Garten. (Der unfassbare Tobias von „Kühnle Messebau" hatte zwei Space Curls und mir sein altes zur Lagerung vermacht. Danke Turbo-Tobi.)

Bonus: Der Fun-Faktor ist sehr hoch.

Hier einige weitere Testergebnisse unserer beschwerlichen „Geht nicht gibt's nicht"-Expedition zur Schwerelosigkeit:

Zum Umdenken:
Wann hast du selbst oder jemand anderes dir gesagt: „Das geht nicht"? Und ging es wirklich nicht? Oder war es nur zu schwer?

Windkanal

Ein **Vertikalwindtunnel** ist ein **Windkanal**, der über eine vertikale Flugkammer verfügt. Darin kann ein Mensch ohne Hilfsmittel allein durch die Kraft der vertikal erzeugten Luftströmung fliegen – beziehungsweise den freien Fall beim Fallschirmspringen simulieren. Vertikalwindtunnel werden häufig auch als *Indoor Skydiving*, *Bodyflyinghalle* oder *Freifallsimulator* bezeichnet.

In meinem Fall konnte ich hier nicht anders, als währenddessen zu singen. Hammer-Gefühl, wenn man mit ungefähr 180 km/h plötzlich mehrere Meter senkrecht nach oben saust, dann wieder runterfällt und weich auf dem Wind landet. Dieses „Airlebnis" bekommt von mir sofort 4 von 5 Sternchen. Auch hier war die größte Herausforderung der hautenge Ganzkörperanzug. Das Anziehen dauert bei jemandem wie mir leider 3-mal länger als die Flugeinheiten selbst. Wichtig: Mindestens einen, besser zwei erfahrene Fallschirmspringer/Windkanalflieger dabeihaben. Schutzbrille nicht vergessen, sonst drückt's die Augäpfel in den Schädel, und das sieht doof aus.

Paragliden

Erst dachte ich, das wird richtig langweilig, wie Busfahren, nur halt in der Luft. Und dann war ich total überrascht. Erst die Aussicht, die Natur. Dann die Stille, das Gefühl zu schweben. Und wieder ein Überraschungseffekt, weil die Thermik uns schon nach wenigen Minuten weit über den Abflugort getragen hatte. Um dann, in meinem Fall mit einem geübten Akrobatik-Wettkampfpiloten, sturzfliegend und überschlagend Richtung Erdmittelpunkt zu sausen, den wir aber nicht erreichten, weil wir mit der warm aufsteigenden Luft wieder spiralförmig nach oben schwebten.

Ein mit nicht wenig Aufwand und Bedenken verbundener Hochgenuss. Denn ehrlich gesagt für mich mit Vorurteilen und Beigeschmack behaftet. Viele meiner halsstarrigen Reha-Kollegen waren nach Paragliding-Unfällen querschnittsgelähmt. Auch Philippe Pozzo di Borgo, das reale Vorbild für den Gelähmten aus dem Film „Ziemlich beste Freunde", hat sich den Hals beim Paragliding gebrochen. Und Hans Peter Royer (bin absolutes Fan-Girl) ist am selben Tag, an dem ich meinen ersten Flug gemacht habe, ein paar Berge weiter beim Paragliden tödlich verunglückt.

Klar, wir können keine Risikovermeidung durch Lebensvermeidung betreiben. Und irgendjemand muss es ja tun.

Eine halbe Rolle Gaffertape. Drei Sternchen.

Achterbahn

Beim vermeintlich naheliegendsten Schwerkraft-Überwindungs-Objekt – Achterbahn – gestaltete sich meine Teststrecke gar nicht mal so leicht, wie man denkt. Denn hier hat der gute alte Technische Überwachungsverein (TÜV) seine Finger im Spiel. Menschen mit Behinderung, sogar Blinde, dürfen in Deutschland nicht Achterbahn fahren, weil sie sich im Ernstfall nicht selbst evakuieren könnten. Selbst nach vielen eindringlichen Diskussionen mit verschiedenen Parkbetreibern war hier auf offiziellem Weg nichts zu machen. Auf den inoffiziellen möchte ich an dieser Stelle aus Sicherheitsgründen nicht weiter eingehen.

Deshalb mussten wir für ausführlich-zuverlässige Testergebnisse das Land verlassen. Man kann über die Amerikaner denken, was man will, aber als ich in Las Vegas vor der ersten Looping-Achterbahn stand und schüchtern fragte: „Is it maybe possible?", hieß es: „Yes, of course, why not?"

Diese Form der Unbeschwertheit hört man natürlich gern, wenn man auf der Suche nach Leichtigkeit ist. Aber ehrlich gesagt stimmte mich das gleichzeitig etwas mulmig und so startete ich meine erste Fahrt wie immer mit einem Gebet auf den Lippen. Diesmal allerdings beginnend mit: „Herr, vergib ihnen, falls sie nicht wissen, was sie tun." Mit etwas Spanngurt- und wieder mal Gaffertape-Material verliefen beinahe alle Achterbahnfahrten bis auf wenige blaue Flecken und Beulen reibungslos. Nur bei einer der letzten Achterbahnen in den Universal Studios mit ausdrücklichem Warnhinweis für Personen mit Halswirbelsäulenverletzungen verzichtete ich, getreu meinem Motto „Safety first".

Alles in allem, was den hohen Aufwand angeht, für Hochgelähmte nur bedingt zur Nachahmung empfohlen. Allerdings fand ich es sehr charmant, was die Bemühungen um eine wahrhaftige Teilhabe in den USA anbelangt. Einige der Achterbahnen hatten ein eigens eingerichtetes Ein- und Ausstiegsgleis für Menschen mit Beeinträchtigung. Funfact: Diese barrierefreien Achterbahnen werden zum Großteil in Deutschland entwickelt und produziert. Dem Land, in dem sie nicht benutzt werden dürfen.

Natürlich hat der TÜV durchaus seine Berechtigung und wir haben ihm viel zu verdanken, aber trotzdem ist das letzte Wörtchen im Kampf für die erste barrierefreie Achterbahn in Deutschland noch nicht gesprochen.

Zipline

Auch in Las Vegas zum ersten Mal getestet, wie immer in den USA gar kein Problem, sehr kooperatives Personal. Das Beste ist der Start, wenn sich die Klappe plötzlich öffnet und man auf Höhe der Skyline der Wüstenstadt durch die Luft schwebt.

Große Überraschung: Selbst im deutschen Bayreuth setzt das Personal im Zipline-Park alles daran, **alle** Menschen über die Baumkronen fliegen zu lassen.[3]

Etwas Aufwand, Spaß leider von kurzer Dauer, 4 Sternchen.

Segelflug

Ein Traum. Tolles Team, unkomplizierte Umsetzung, geringer Aufwand, maximaler Spaß, Aufwand/Fun-Verhältnis exzellent. Wichtig: Wetterlage beachten. Viele verschiedene Möglichkeiten, für jedes Gemüt was dabei: einfach nur die Aussicht genießen oder gemeinsam mit Störchen in einer Thermik zu steigen, Langstrecken zu den Alpen, dort wieder aufsteigen und zurück, oder für die Hartgesottenen inklusive Akrobatikeinlagen bis zu 4,5G, Loopings, Rollen, Mini-Parabelflüge, kubanische Achter oder meine Lieblingsfigur, der Inbegriff von Schwerelos-Gefühl: ein sogenannter Turn (ein abgebrochener Looping, eine besonders schwierige Figur, bei der der Pilot das Flugzeug über die Achse einer der beiden Flügel kippen lässt.) Für wenige Momente wirken keine Gewichtskräfte und es herrscht absolute Stille.

Auch deshalb 5 von 5 Sternchen. Achtung, unbedingt mit erfahrenem Piloten fliegen und für körperlich Eingeschränkte einige Rollen Gaffertape einpacken, um die bei Akrobatikflügen durch die Luft schlenkernden Gliedmaßen im Cockpit zu fixieren.

Parabelflug

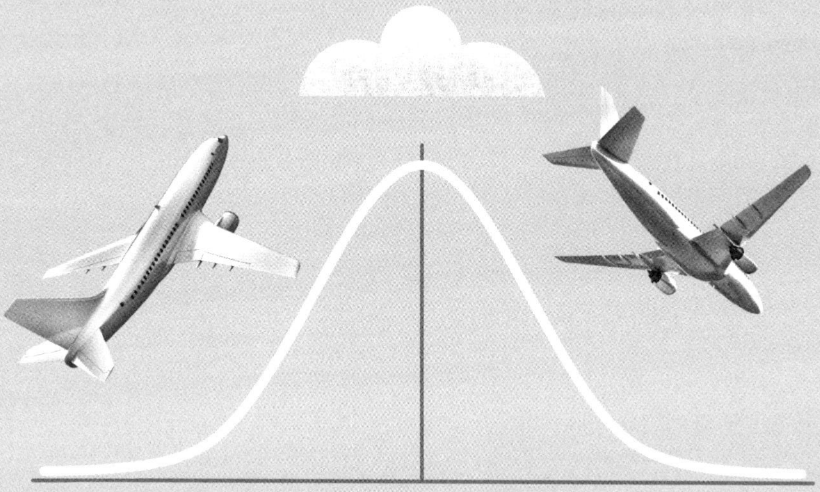

Mit einem leer geräumten Flugzeug führt die ESA ab Bordeaux sogenannte Parabelflüge durch, bei denen das Flugzeug zuerst steil nach oben fliegt, um dann ebenso steil wieder herunterzusausen – sozusagen eine

Verlängerung der vom Turnen bekannten Flugkurve auf bis zu 22 Sekunden Schwerelosigkeit. Eine tolle Gelegenheit nicht nur für zukünftige Astronauten, sondern auch für Wissenschaftler, Forscher, Sportler und sonstwie Neugierige, die Schwerelosigkeit, die Schwerkraft und deren Auswirkungen auf alles Mögliche zu untersuchen.

Gemeinsam mit meinem Bruder Jonathan durfte ich an einem solchen Parabelflug teilnehmen. Jonathan und ich hatten uns vorher schon überlegt, was wir in den 16 mal 22 Sekunden alles anstellen wollten, falls alles gut ging und keiner kotzte.

Und tatsächlich war es noch viel schöner als erwartet. Ich konnte mich bewegen wie schon ewig nicht mehr. Zuerst haben wir mich einfach nur hingestellt – was in meinem Fall schon Hammer ist. Die 22 Sekunden kamen mir viel länger vor, als sie waren. Beim nächsten Mal stand ich an der Decke, und dann ging es natürlich an die Salti. Nach ein paar Optimierungen gelang mir schließlich mit Jonathans Hilfe ein siebenfacher Salto. Es war fast wie früher … Ich war den Tränen nah, und das will bei mir schon einiges heißen.

Von der Erinnerung zehre ich heute noch und verrate an dieser Stelle, dass ich sie als Substitut auf der Bühne verwende, wenn ich extrem beflügelte Freude darstellen will.

Ganz klar der Parabelflug. Leider nur in der Kategorie „Spaßfaktor". Bei den Bereichen Aufwand und Kosten ist er auch Spitzenreiter – im negativen Sinne.

Und was lernen wir jetzt daraus?

Wenn ein Unbeweglicher wie ich so viel Quatsch machen kann, dann könnte jemand Bewegliches erst recht ganz viel Sinnvolles bewegen?! Ich tu mich ehrlich gesagt schon schwer mit dem Satz: „Alles ist möglich, wenn man nur dran glaubt." Aber was ich mittlerweile weiß, ist: Es geht mehr, als du glaubst! Das bedeutet nicht, dass man alles machen muss, nur weil man es kann oder glaubt zu können. Trotzdem empfehle ich, nicht darauf zu achten, was nicht (mehr) geht, sondern lieber auf das, was geht.

Aber dennoch: Egal, was man auch alles anstellt - am Ende des Tages befreit es uns nicht wirklich von unseren Ängsten und Sorgen und kann uns höchstens kurzzeitig ablenken. Was hülfe es dir, wenn du noch einen Adrenalinkick im Windkanal erlebst, die nächste Serie suchtest, in die virtuelle Realität abtauchst, Sex, Drugs & Rock'n'Roll fröhnst und nähmest doch Schaden an deiner Seele? (Frei nach Matthäus 16,26)

Die Schwerkraft des Geistes lässt uns nach oben fallen.

Simone Weil

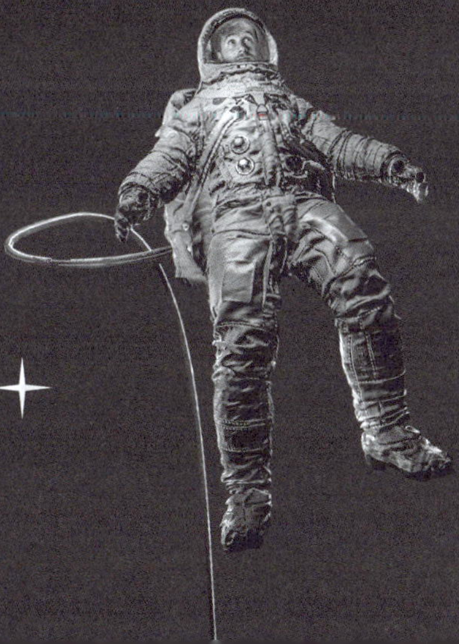

Leichtigkeiten								
Telefonat mit Oma								
Joggen								
Musik								
Reiten								
Malen								
Kaffee trinken								
Kochen								
Singen								
Rauchen								
Weinen								
Handarbeit								
Lobpreis								
Beten								
Seifenblasen pusten								
Musik								

*Hartmut Rosa, Resonanz der Weltbeziehung

der test Schwerelosigkeit

Mein Testergebnis	Barriere-Level	Spontaneitätslevel	Spaß: lustvoll	Freude: wirkungsvoll*	Nachteile	Kosten	Klebeband/m	Leichtigkeits-Ergebnis
Schwimmen	mittel	mittel	•••	•	saisonal	mittel	0	•••
Spacecurl	hoch	mittel	••••	••	aufwendig	gering	2	••••
Windkanal	mittel	mittel	•••••	•	–	gering	1	••••
Paragliden	mittel	gering	••••	•	aufwendig	mittel	1	••••
Achterbahn	extrem	0	•••	•	TÜV-Veto	gering	1	
Zipline	mittel	mittel	••	•	-	gering	1	••
Segelflug	gering	gering	••••	••	hohe Kosten	hoch	1	••••
Parabelflug	gering	0	•••••	••	zu exklusiv	extrem	0	•••••

											Weitere Leichtigkeiten
											Barriere-Level
											Spontaneitätslevel
											Spaß: lustvoll
											Freude: wirkungsvoll
											Nachteile
											Kosten
											Klebeband/m
											Leichtigkeits-Ergebnis

So, nach all dem Selbstermächtigungskladderadatsch muss man an dieser Stelle fairerweise auch mal festhalten, dass diese ganzen Illusionen von Schwerelosigkeit und Freiheit nur halb so schön bis unmöglich gewesen wären, wenn nicht unzählige Menschen um mich herum mir geholfen, mich getragen und ertragen, gehoben, gestemmt, gezerrt, verzurrt, gewuppt und verklebt hätten.

04

Mit anderen Menschen Schweres teilen

Alles wirkliche Leben ist Begegnung.
Martin Buber, Religionsphilosoph

Wofür lohnt es sich denn sonst zu leben, außer für und mit anderen Menschen? Die meisten Leute antworten auf die Frage, was ihnen wichtig ist und Kraft gibt: „meine Frau, mein Mann, meine Kinder, meine Enkel, meine Freunde ..."

Seit unserer Ent-Bindung, also seit wir entbunden wurden, streben wir nach Verbindung und Verbundensein. Gerade in den letzten Corona-Jahren haben wir gemerkt, welche psychosozialen Schäden es anrichtet, wenn wir uns nicht begegnen. Miteinander verbunden können wir die schweren Kräfte im Leben verteilen. Miteinander verbunden wird das Leben leichter. Geteiltes Leid ist halbes Leid?!

Was Verbundenheit alles bewirken kann, darf ich besonders praktisch erfahren in Verbindung mit der Verbindungs-Allzweckwaffe Gaffertape, Duct tape, Klebeband, Tesa oder wie immer man diesen Verbundstoff nennen will. So vielfältig wie die Namen, so vielfältig auch seine Einsatzbereiche. Überall im Alltag brauche ich dieses Bindemittel. Natürlich bei der Arbeit, in meinem Fall im Theater, auf der Bühne, hinter der Bühne. Bei Film und Fernsehen vor und hinter der Kamera. Für kleine und große

Rollstuhl-Reparaturen, Handy und iPad-Halterung, Fixierung von Kabeln, Armlehnen, Beinstützen ... Es gilt die Devise: Wenn es mit Gaffer nicht geht – benutzt du zu wenig Gaffer. Gilt das auch für die Quantität unserer Verbindung mit Menschen? „Wenn es mit Hilfe nicht geht, hast du zu wenig Hilfe?"

In einer der radikalsten Formen der physischen Verbindung lasse ich mich mit dem kompletten Körper von den Fingerspitzen bis zu den Füßen an einen anderen Menschen kleben. Mein Freund und Schauspielkollege Robert und ich haben aus der Grundidee ein ganzes Theaterstück entwickelt, in dem wir aneinandergeklebt die Menschwerdung eines Affen aus Kafkas „Bericht an eine Akademie" verkörpern.

Dergestalt verbunden wird es mir nicht nur möglich, wieder aufrecht zu sitzen, sondern aufrecht zu stehen, zu laufen, zu rennen, zu tanzen oder einfach mal wieder kontrolliert verbunden mit einem anderen Menschen ins kühle Nass zu springen, mich auf Augenhöhe mit anderen zu unterhalten und Leute stehend zu umarmen (das wird generell enorm unterschätzt).

Und nicht nur in diesem sehr praktischen Sinn ist es wunderbar, wenn andere Menschen in schweren Zeiten helfen: **Lasten zu tragen, unter die Arme greifen, etwas schultern, Belastungen teilen, Dinge abnehmen, etwas erleichtern, Ballast von der Seele reden lassen etc.**

Mit unserem Klebemenschbewegungssystemdoppelwesen haben Robert und ich mittlerweile auch knapp 50 Faust-Mephisto-Vorstellungen auf dem Buckel. Ein Drei-Stunden-Abend, den wir nicht umsonst unter ärztliche Aufsicht gestellt haben. Nicht nur, um meine Kreuzbänder und Knöchel zu kontrollieren; auch, was die Gesundheit von Roberts Rücken anbelangt, haben wir dabei Risiken in Kauf genommen. Und so kam es, wie es kommen musste: Als Faust und Mephisto gemeinsam Gretchens Bruder in eine heftige Schlägerei verwickelten, um ihn umzubringen, forderte diese enge Verbindung ihren Tribut. Und Robert und ich stürzten vor Erschöpfung auf den Bühnenboden.

Gerade in schweren Zeiten die Verbindung zu anderen Menschen zu suchen, ist gut und richtig. Sich aber dauerhaft an andere zu klammern oder gar wie eine Klette an ihnen zu kleben, bis sie erschöpft zusammenbrechen, kann auch nicht die Lösung sein. Irgendwann ist man am Limit, irgendwann muss man auftanken. Egal, wie sehr man den Liebsten liebt.

Dass Helfen und Tragen Kraft kosten und die Helfer auch mal Hilfe brauchen, das kenne ich nicht nur aus meinem eigenen Umfeld, sondern auch bei vielen anderen Menschen, die sich aufopferungsvoll um andere kümmern. Auch deshalb haben wir als Familie einen Verein gegründet: **Samuel Koch und Freunde – Wir helfen Helfern. (samuel-koch-und-freunde.de).** Wir möchten den Eltern und Angehörigen in Familien, bei denen der Alltag eines Familienmitglieds von besonderen Bedürfnissen dominiert wird, die Möglichkeit bieten, aufzutanken, fröhlich zu sein und eine unbeschwerte Zeit zu erleben.

Deshalb weiß ich, dass es auf Dauer unmöglich ist, die eigene Schwere auf andere abzuwälzen. Irgendwann ist es wichtig, sich von der Hilfe auch wieder zu lösen. Es ist temporär wunderschön, es ist befreiend, es macht eigentlich Unmögliches möglich – aber eben nicht als Dauerzustand auf den Schultern eines einzigen Helfers.

Wir können uns gegenseitig nicht die Lasten nehmen, aber die Schultern stärken.

Welch wundersame Wirkung nicht nur das Sich-Helfen-Lassen, sondern auch das Helfen haben kann, erfahren wir dann im letzten Teil dieses Ausrichtungsgegenstands (siehe Seite 166).

Zum Andenken:
Welchen Menschen brauchst du? Könntest du auch ohne diese Person? Und ist das gut so?

05

Leben macht erfinderisch

Wir haben alles Mögliche an technischen Hilfsmitteln erfunden, um uns das Leben leichter zu machen: Fließendes Wasser, Antibiotika, Waschmaschinen, Spülmaschinen, Küchenmaschinen, Nagellackbedruckungsmaschinen, mehr Mensch als Maschinen, Staubsauger-, Rasen- und Poolroboter, Telefone, Telefone ohne Tasten, Telefone, die die Heizung anstellen und die Rollläden runterfahren können. Alexa oder Siri können Flüge buchen. Autos können selbst einparken. Bezahlen kann man ohne Geld. Nie war es so leicht, jederzeit innerhalb von Minuten an Essen zu kommen, auf verschiedene bequeme Weisen von A nach B zu gelangen und sich jede Art von Information zu beschaffen. Selbst ich kann mittlerweile recht leicht auf verschiedensten Wegen kommunizieren, wenn die Technik, das Internet und ein paar andere Dinge mitspielen. Eine Annehmlichkeitserfindung jagt die nächste. Täglich gibt es eine Push-Meldung, die uns mitteilt, was als Nächstes noch leichter funktionieren wird.

Wir haben das leichteste Leben, das es je gab.
Wir gehören zu der privilegiertesten Generation, die jemals gelebt hat.

Wir erhöhen ständig die Geschwindigkeit, und das müsste ja nach
Newton, Einstein & Co bedeuten,
dass wir immer schwere-loser werden.

Oder?

Zum Bedenken:

Hast du mindestens zwei solcher Geräte, um dir das Leben leichter zu machen?

Gratulation: Damit gehörst du zu den 5% der privilegiertesten Menschen auf der Welt.

Findest du, dass dein Leben dadurch leicht ist?

Vor noch nicht allzu langer Zeit gab es eine Erfindung, bei der ich sicher war: Jetzt wird sich alles verändern. Mein Leben wird besser sein. Ein neues Kapitel beginnt. Eine Zeitenwende.

Ich weiß nicht, wer sich noch daran erinnert, aber es war der erhebende Moment, in dem der Nachrichtendienst WhatsApp seine neueste Funktion freischaltete: Ab sofort konnte man Sprachnachrichten 1,5-mal oder gar doppelt so schnell abspielen. Hörbücher, Podcasts und jetzt sogar Sprachnachrichten doppelt so schnell. Geschenkte Lebenszeit.

Ich runde das Sprachnachrichtenaufkommen gnädig auf 15 pro Tag ab. Mit einer durchschnittlichen Länge von 1,5 Minuten, also 90 Sekunden. 15 x 90 Sekunden = 1.350 Sekunden = 22,5 Minuten pro Tag x 365 = 8.212,5 Minuten. **Ergibt 137 Stunden Sprachnachrichten pro Jahr.**

Und das wiederum (wenn man davon ausgeht, dass ich ungefähr 7 Stunden pro Tag schlafe, in denen ich nicht effektiv Sprachnachrichten abhören kann) macht **8 Tage ununterbrochenes Sprachnachrichtenabhören.** Hochgerechnet auf, sagen wir mal, noch 40 zu erwartende Jahre meines Lebens, würde ich **320 Tage** damit füllen. Abzüglich Urlaub und Wochenende und abzüglich der Stunde, die ich jetzt gebraucht habe, um diesen Mist auszurechnen, **verbringe ich also ein ganzes Jahr meines Lebens ununterbrochen ohne zu schlafen nur damit, Sprachnachrichten abzuhören.**

Wenn ich sie nun aber doppelt so schnell anhören kann, dann wären es nur 160 Tage, das sind 3.840 Stunden oder eben 230.400 Minuten, die ich damit einspare.

Hammer! Das könnte all meine Zeitprobleme erledigen. Mein Leben würde endlich leichter sein. Und nicht nur das!

Was kann man nicht alles Sinnvolles mit 230.400 Minuten machen?! Und wie viele WhatsApp-User gibt es allein in Deutschland? 50 Millionen. Das sind 80% der deutschsprachigen Bevölkerung ab 14 Jahren[4].

Mein Freund Micha hat gerade mit fünf Freunden in einer Woche einen Spielplatz im Kongo errichtet. Wie viele Spielplätze könnte man mit dem kollektiven Zeitgewinn aller Whatsappnachrichtendoppeltsoschnellanhörer bauen? Genau: über 200 Millionen. Wie viele Brunnen und Waisenhäuser und Elbphilharmonien könnte man in der gewonnenen Zeit bauen! Man könnte neue Impfstoffe entwickeln, neue Therapien gegen Krebs finden, den Pflegenotstand beseitigen, Tausende neuer Kitaplätze anbieten, die Deutsche Bahn auf Vordermann bringen und endlich ein besseres, leichteres Leben für alle ermöglichen.

Und was hat sich verändert? Nix. Außer, dass jetzt alle wie Mickymäuse klingen. Wurden die 200 Millionen Spielplätze gebaut? Nein.

Trinken wir immer noch Mojitos am Meer, während in demselben Geflüchtete ertrinken? Ja. Haben wir der allgemeinen Beschleunigung mal wieder eine Umdrehung mehr hinzugefügt?

Klar: Irgendwie ist unser Leben leichter geworden, indem wir viele Alltagstätigkeiten nicht mehr mühsam per Hand machen müssen. Beziehungsweise lassen wir andere Menschen sich die Hände schmutzig machen, um uns das Leben zu erleichtern. Kinder, die in Gruben kriechen, um Coltan für unsere Handys zu schürfen, oder bei der Cashew-Ernte ihre Hände vergiften. Aber auch Kuriere, die Tag und Nacht für unsere nächste Bestellung schwitzen, Menschen, die jeden Morgen um 4 Uhr aufstehen, um unsere Brötchen zu backen, unseren Müll abzuholen, Dreck wegzumachen, zu putzen, und und und und ...

Und trotzdem werden wir als die Nutznießer der neuesten Technologien immer schwerer. Allein schon physisch steigt die Zahl von Menschen, vor allem Kindern, mit Übergewicht. Aber auch der psychische Ballast in Form von mentalen Problemen, Burnout und Selbstmordzahlen nimmt rasant zu.

De-Pression, auf Deutsch etwa „Runter-Drückung" – also der Inbegriff von Schwere – ist akut kaum noch therapierbar. Die Plätze sind auf Monate ausgebucht. Wir investieren zu wenig in die Bekämpfung der Ursachen dieser kollektiven Niedergeschlagenheit und zu viel in die Entwicklung immer neuer Technologien, um uns noch besser gegenseitig zu bekämpfen.

Irgendwie klingt das alles nicht nach mehr Leichtigkeit. Wenn wir uns trotz all der Annehmlichkeiten, die wir über die Jahre entwickelt haben, immer noch beklagen und finden, dass das Leben schwer ist …

a) sind wir einfach über die Jahrhunderte immer schwächer geworden und inzwischen waschlappige Weicheier, oder aber

b) die uns umgebenden Umstände sind gar nicht ausschlaggebend für die Schwere unserer Gemüter. Nur weil's draußen leicht scheint, heißt das nicht, dass es drinnen nicht schwer sein kann. Oder: Was draußen leicht scheint, kann drinnen schwer sein.

Vielleicht ist es sogar umgekehrt. Vielleicht haben wir uns durch die äußere Erleichterung innerlich beschwert. Die Statistiken weisen ja fast darauf hin.

Es scheint ein umgekehrt proportionales Verhältnis zu sein: Je reicher wir an Gütern werden, desto ärmer werden wir an Zeit[5]. Und je leichter wir uns das Leben machen, desto schwerer wird es, damit klarzukommen. Das ist paradox, weil wir ja dauernd mehr Zeit sparen. Wo ist die hin?

Wenn man ältere Menschen fragt, würden die wahrscheinlich sagen: „Früher war das Leben beschwerlicher, aber einfacher." Vielleicht ist das Leben also nicht leichter geworden, sondern nur schneller. Die Geschwindigkeit und die unendlichen Möglichkeiten haben das Leben komplizierter und komplexer gemacht.

Das Team von Soziologe und Zukunftsforscher Thomas Druyen hat Stresstests mit Geflüchteten durchgeführt, die hier in einem Kaufhaus vor 80 Shampoo-Sorten standen. Das waren Menschen, die Kriegs- und Hungererfahrungen gemacht hatten. Sie erlebten durch die überfordernde Auswahl im Kaufhaus eine Stressbelastung, die für sie dem Niveau von Folter gleichkam. Die Komplexität der Auswahl machte die Probanden fertig.

Ich kann mich heute zwar in ein Auto setzen und es per Sprachsteuerung von A nach B fahren, selbstständig einparken lassen und dabei entscheiden, welchen Teil der Wirbelsäule ich massieren lassen möchte. Aber gleichzeitig ist es mittlerweile ohne IT-ler und Softwareupdate unmöglich, auch nur das Fenster zu schließen, wenn die Elektronik streikt. Heute Abend ist (nur) 50 Kilometer entfernt eine Theatervorstellung meiner Frau, die ich gern besuchen würde. Gleichzeitig müssen wir aber noch an diesem Buch arbeiten. Innerhalb dieser Zeit sollte ein Assistenten-Dienstwechsel stattfinden. Dank Autos, Zügen, Online-Meetings und Handy ist das alles gleichzeitig möglich. „Früher" wäre allein die Reise ins Theater ein tagfüllendes Unterfangen gewesen. Dass ich heutzutage in der gleichen Zeit Arbeitgeber und Arbeitnehmer sein kann, an einem Buch schreibe, einen Dienstwechsel vollziehe, während der Fahrt drei verschiedene Online-Meetings absolviere, ankommende Anrufe kurz dazwischenschiebe und den laufenden Gesprächspartner in die Warteschleife schicke, hat das Leben nicht gerade leichter gemacht.

Sind die Technologien, die uns alles leichter machen sollen, also gut oder schlecht? Fürs Gehirn ist das alles jedenfalls anstrengender.

Rein physikalisch betrachtet bringt größere Beschleunigung auch immer stärkere G-Kräfte mit sich – mehr Druck und mehr Schwere, bis der Mensch es nicht mehr aushält und das Bewusstsein verliert.

Zum Mitdenken:
Welche Technik hilft dir wirklich?

Auf welche könntest du verzichten?

Was sagt der Soziologe?

Prof. Dr. Thomas Druyen, Soziologe und Zukunftsforscher an der Sigmund Freud Privatuniversität Wien

Was ist die größte Herausforderung für die Menschen in unserer heutigen Zeit? Und warum? Wie können wir damit umgehen?

Die größte Herausforderung unserer Gegenwart, vielleicht sogar in der Geschichte, ist die Überforderung unseres Geistes. Wir sind mit neuen Technologien konfrontiert, die viel schneller wirken und ständig Veränderungen anstoßen. Es bleibt gar nicht mehr genug Zeit, zu lernen, zu adaptieren und das Neue in Bildung zu übertragen.

Durch diese Überforderung entstehen Ohnmacht und tatsächlich emotionale und geistige Schwere. Wir laufen den Veränderungen ständig und immer hilfloser hinterher. Wir müssen also unser Denken ändern, eine neue Stufe des Bewusstseins erlangen. Dieser Schritt bedarf einer psychologischen Zukunftsnavigation, d.h. das neue Erlernen, mit Schnelligkeit, Unvorhersehbarem und Überraschungen umzugehen. Daran arbeiten wir seit acht Jahren in der Zukunftspsychologie.

Technik und Kapitalismus haben uns einerseits materiell unfassbar weitergebracht, aber anderseits eine moralische Weiterentwicklung ignoriert. Wir sind ihre Nutznießer und Opfer zugleich. Je nachdem, was wir daraus machen. Der Materialismus suggeriert, dass man alles kaufen kann. Aber große Werte wie Liebe, Glück, Gesundheit, Ehrlichkeit kann man nicht kaufen. Sie sind unkorrumpierbar. **Der Markt schert sich nicht um Fairness. Fair handeln schwächt die Wettbewerbsfähigkeit. Hier müssen wir umsteuern. Das Gute muss belohnt werden. Es liegt an uns: Was wollen wir jetzt?**

Nachdenken reicht nicht mehr aus, Vordenken ist angesagt. Die Gegenwart wäre allein mit einer hoffnungsvolleren Zukunft besser zu ertragen. Und dann Handeln. Im Moment des Machens macht man einen Fortschritt. Je länger ich warte, dass andere die Zukunft für mich gestalten, desto schwerer wird sie für mich. Denn umso unlösbarer und deprimierender wird die Situation. Leichtigkeit kann man nur erreichen, wenn man sich seiner Selbst bewusst ist und immer wieder bereit ist zur Selbstüberwindung. Leichtigkeit klingt physikalisch, aber ist vor allem neuronal und emotional. Je mehr Eigenständigkeit man erreicht, desto leichter wird es. Wir haben die Chance und die Aufgabe, eine geistige Leichtigkeit, eine sinnvolle Mühelosigkeit herzustellen. Sinngestaltung ist, was den Menschen wirklich weiterhilft. Wer Sinn hat, kommt auch durch tiefe Täler. Mühlelosigkeit ist das Ergebnis ständiger Anstrengungen.

Die Spiegel-Parabel

Kommt ein Mann zum Rabbi: „Ich habe etwas Merkwürdiges beobachtet, das ich nicht verstehe. Arme Leute, die eigentlich nichts haben, teilen meist gern das Wenige, was sie besitzen. Aber wenn man was von einem Reichen will, der Geld wie Heu hat, der tut sich damit unglaublich schwer. Sag mir: Wie kommt das? Warum ist das so?"

Der Rabbi überlegt einen Augenblick, dann sagt er zu seinem Besucher: „Komm mal hierher ans Fenster. Was siehst du?"

„Was ich sehe? Was ich sehe? Ich sehe die Menschen auf der Straße. Kleine Kinder, die spielen, eine alte Frau, die mühsam den Weg hinabgeht. Einen Mann mit einem Fahrrad, der scheinbar sehr traurig ist."

„Gut, gut", sagt der Rabbi und führt seinen Besucher zu einem Spiegel an der Wand. Wieder fragte der Rabbi: „Was siehst du?"

„Na, was werde ich nun sehen! Im Spiegel! Ich sehe mich selbst!"

„Genau", sagte der Rabbi. „Das Fenster ist aus Glas und der Spiegel ist aus Glas. Wenn man nur ein bisschen Silber dahinter legt, sieht man nur noch sich selbst."

Zum Bedenken:
Schaust du lieber aus dem Fenster oder in den Spiegel? Oder durch das Glas deines Smartphones?

Technik – Chance oder Scheiße?

Oder: Wie werde ich den Rollstuhl los in 10 Tagen

Ja, es ist schon verrückt, was wir so alles tun und treiben, um das Hässliche und Schwere in unserem Leben verschwinden zu lassen.

Wir versuchen, Unmögliches möglich zu machen, die Gesetze der Physik außer Kraft zu setzen oder sie zumindest auszutricksen. Schon früher gab es Zirkus-, Varieté-, Zauber- und Illusionsshows, die uns faszinieren, obwohl wir wissen, dass das alles nur schöner Schein ist. Die Instagram-Filter werden immer überzeugender, die Hemmschwelle für Fake immer niedriger. Und wie ausgefuchst die Illusions-Möglichkeiten im virtuellen Bereich inzwischen sind, zeigt zum Beispiel das ABBA-Revival-Konzert mit Avataren, die aus den realen vier Bandmitgliedern entwickelt wurden und den täuschend echten Eindruck vermitteln, dass da wirklich die wieder jung gewordenen Agnetha, Björn, Benny und Anni-Frid auf der Bühne performen.

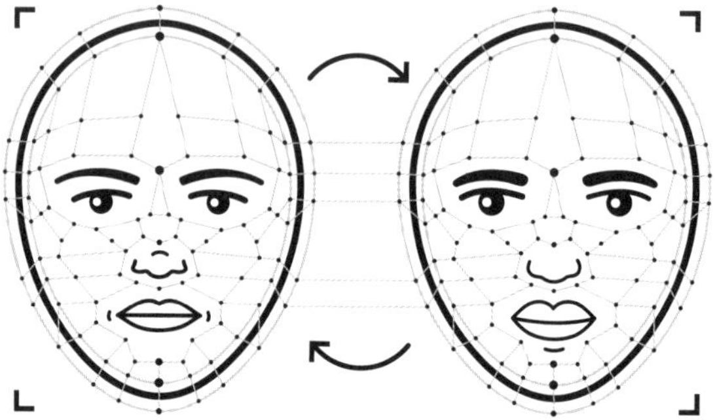

Der Gipfel: Deep Fake – der Begriff bezeichnet Videos oder Audioaufnahmen, die mit Unterstützung von Künstlicher Intelligenz (mit der Nutzung von tiefen neuronalen Netzen) verändert wurden. So können Personen täuschend echt nachgeahmt und ihnen Dinge in den Mund gelegt werden.

Die Grenzen zwischen der wirklichen und virtuellen Realität scheinen immer mehr zu verschwimmen. Menschen, besonders Kinder und Jugendliche, „flüchten" sich vor der oft brutalen Realität des Alltags immer tiefer in virtuelle Welten. Und weil die technische Ausstattung beim Gaming ständig besser wird, wirken diese Welten auch immer realer. Wenn beim „E-Sport" Spieler gegeneinander antreten, füllen sie Hallen, von deren Größe aktuell Musiker und andere Künstler nur träumen können. Von Mitarbeitern aus dem Jugendamt weiß ich, dass, durch Corona noch verstärkt, besonders Kinder ernsthaft süchtig geworden sind nach der digitalen Welt. Ohne ein Handy oder Tablet können sie nicht mehr sein und gehen gar nicht mehr vor die Tür, in die reale Welt. Und manche finden nicht mehr zurück.

Natürlich hat die Digitalität auch ihre guten Seiten jenseits von Flucht und Ablenkung. Den sogenannten *Digital Natives* der jungen Generation wird ja gern unterstellt, dass sie sich nicht mehr konzentrieren können. Aber sie können dafür eben andere Dinge; ihr Gehirn ist von Anfang an anders vernetzt, weil sie in die digitale Welt hineinwachsen. Spätestens Corona hat uns gezeigt, dass die Digitalisierung uns auch verbinden kann. Ohne Zoom, WhatsApp und Co. wären viele Menschen in der Pandemie noch mehr vereinsamt, als sie es ohnehin schon waren. Und immerhin konnte man dank Livestreams Konzerte, Gottesdienste und Seminare online verfolgen. Das ist zwar nicht dasselbe, wie live dabei zu sein, aber immer noch viel besser als nichts.

Kann man mit der virtuellen Realität die Wirklichkeit verändern? Ja. Und sogar verbessern! So Professor Dr. Thomas Druyen. Er forscht über die psychologischen und neuronalen Bedingungen sowie Begleiterscheinungen der Zukunftsgestaltung, der Digitalisierung und des demografischen Wandels.

Virtual Reality kann zum Beispiel im medizinischen Bereich beinahe Unglaubliches leisten. Künstliche Intelligenz ist in der Diagnostik dem Menschen schon jetzt in vielen Bereichen überlegen, zum Beispiel im Erkennen von entarteten Zellen. Und im Harborview Burn Center in Washington werden Patienten mit schweren Verbrennungen virtuell in dem Spiel „SnowWorld" in eine Eislandschaft versetzt. Dadurch verringert sich das Schmerzempfinden bei den teils sehr schmerzhaften Wundbehandlungen um 80 bis 90%. Die Körperkerntemperatur sinkt und die Wunden heilen schneller.

Das Gehirn wird ausgetrickst – aber zum Guten. Und das ist nur einer von vielen Forschungsbereichen, in denen damit experimentiert wird, wie Virtual Reality bei Erkrankungen, so auch bei Parkinson, Hirnverletzungen und psychischen Problemen, helfen kann.

Mit meinem Rollstuhl verbindet mich eine innige Hassliebe. Einerseits ist er der Schlüssel zu wenigstens ein bisschen Mobilität und Kontrolle. Andererseits wiegt das Ding 180 Kilo, ist sperrig und unförmig und engt mich im Alltag schon ganz schön ein.

Ich würde viel für das Gefühl geben, den Rollstuhl hinter mir lassen und wieder selbst laufen zu können. Und wenn es nur für kurze Zeit und nur virtuell ist. Wenn die Illusion gut genug ist, um sich echt anzufühlen (und deshalb heißt „Virtual Reality" ja „Reality" und nicht „Illusion") – dann bin ich dabei! Ich stelle mir das so vor wie in dem Film „Avatar", in dem ein Rollstuhlfahrer einen neuen, funktionierenden Körper kreiert bekommt, den er mit seinen Gedanken steuert.

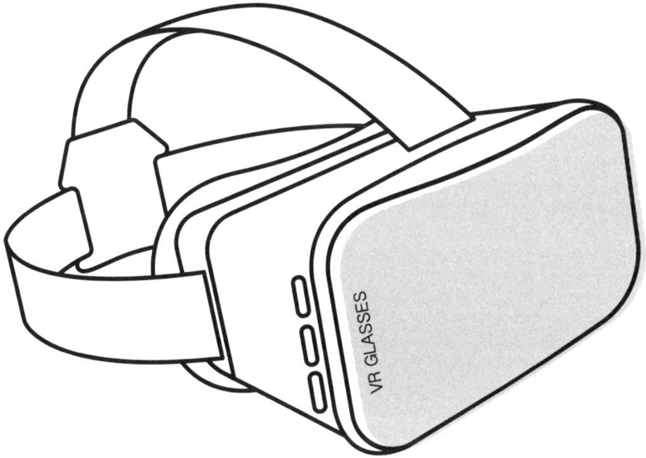
VR GLASSES

07

Zwischen-fazit.

Ja, man kann Momente der Schwerelosigkeit erleben. Aber ...

Wir haben so einiges ausprobiert, um schwerelos zu werden. Und das Ergebnis? Es geht. Man kann die Schwerkraft austricksen und kurze Momente totaler Glückseligkeit erleben, vollkommen leicht und frei, fernab von Sorgen und Nöten.

Hoffentlich hat jeder Mensch irgendwo diese Momente, in denen er sich leicht fühlt. Es muss ja nicht immer gleich Paragliden sein. Vielleicht gehst du lieber Waldbaden oder auf ein Konzert. Wenn du dein Glücksmomente-Ding noch nicht gefunden hast – bitte weitersuchen.

Und gleichzeitig ist jedem klar: Das sind Glücks-MOMENTE. Mehr oder weniger kurze, zwar wiederholbare, aber nicht dauerhaft erlebbare zeitweise Hochgefühle. Es macht glücklich, aber nur temporär.

Natürlich versuchen wir ständig, durch Netflix, Gaming, Rauchen, TikTok, Fitness, Wellness oder anderen Drogen unseren Dopamin-, Adrenalin-, Serotonin-, Endorphin- und so weiter-Spiegel hoch zu halten. Aber selbst wenn man einen Glücksmoment an den nächsten reiht, ist man noch nicht nachhaltig glücklich und schwebt nur noch so durchs Leben.

„Verweile doch, du bist so schön" – das hat schon beim guten Goethe nicht funktioniert. Ein schöner Moment, ein paar Sekunden Glück und Schwerelosigkeit sind herrlich, ohne Zweifel. Und wir versuchen, ihr Haltbarkeitsdatum zu erhöhen, indem wir sie in Storys teilen, in der Hoffnung, dass geteilte Freude doppelte Freude ist. Und dann repostet man die geteilte Story, sodass sie noch mal 24 Stunden länger hält. Aber es bleibt trotzdem nur ein Augenblick. Und damit vergänglich.

Also was tun?

08

Nach dem Looping ist vor dem Looping

Ich weiß nicht, wie das bei dir ist, aber mein ganzes Leben ist ein ständiges Auf und Ab. Zu Recht wird es in Kurven gemessen: Herzkurve, Atemkurve und so weiter. Der einzige Zeitpunkt im Leben, in dem wirklich alles glattläuft und es keine Ausschläge mehr nach oben und unten gibt, ist die „Flatline". Dann sieht man nur noch einen Strich auf dem Herz-Monitor.

Ein solcher kleiner Strich ist es dann auch, der auf unserem Grabstein steht. Zwischen Geburts- und Todesdatum. Auf Ersteres und Letzteres haben wir keinen Einfluss, nur auf das Dazwischen. Wie schön wäre das Leben, wenn es zumindest ein kleiner Ausschlag in der Geschichte sein könnte statt nur ein Strich auf dem Grabstein.

Manchmal ist das Leben wie Achterbahnfahren: Was runtergeht, geht auch wieder hoch und umgekehrt. Ich fahre ja sehr gern Achterbahn und dabei ist die Talfahrt das Schönste. Auch hier erreiche ich kurz Schwerelosigkeit, während ich gleichzeitig in dem beruhigenden Wissen bade, dass man nie tiefer fallen kann, als die Schienen es zulassen. Und wenn man ganz unten angekommen ist, geht's nur noch in eine Richtung: nach oben.

Das Dumme ist nur: Die Schwerelosigkeit wird meist relativ dumpf abgebremst, indem wir wieder im Achterbahn-Bahnhof / auf dem Boden der Tatsachen ankommen. Hinterher ist zum Beispiel mein persönliches Schwergewicht, der Rollstuhl, immer noch da. Und fühlt sich sogar noch

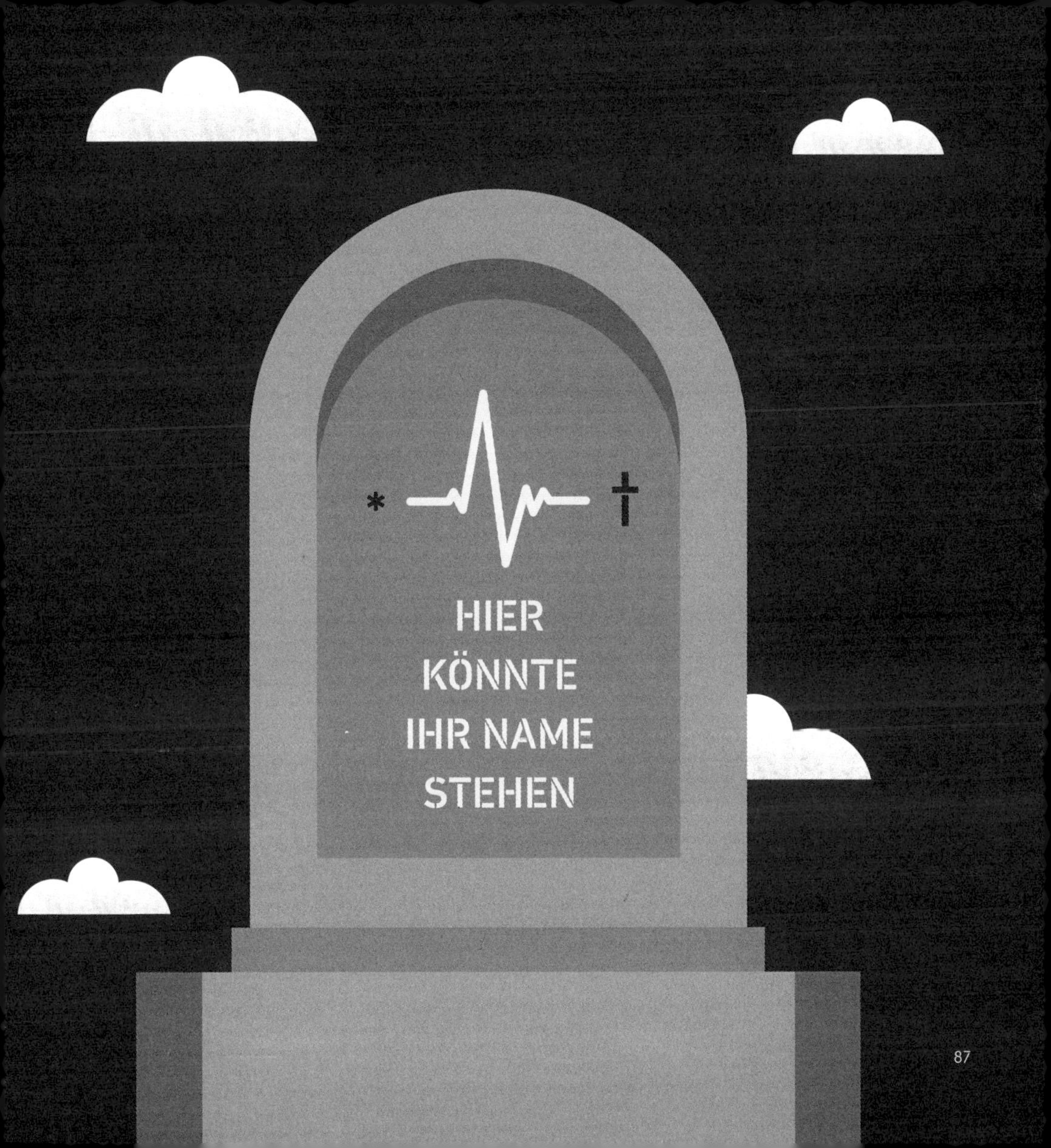
* †
HIER
KÖNNTE
IHR NAME
STEHEN

schwerer an: In dem Moment, wenn sich die Kräfte umkehren, holt uns die Schwerkraft doppelt ein. Zur Gravitation kommt dann noch die etwa gleich starke Trägheitskraft, und das ergibt die Hyperschwerkraft. Klingt nicht nur brutal – ist es auch. Beim Parabelflug wurde uns strikt befohlen, in diesem Moment auf einen Punkt zu gucken und den Kopf nicht zu bewegen. Sonst verkraftet der Körper es nicht und man läuft Gefahr, sich vollzukotzen.

Im Moment der größten Leichtigkeit geht es steil bergab.
Der Moment, in dem es wieder aufwärtsgeht,
fühlt sich doppelt so schwer an wie der Normalzustand.

Hans Peter Royer sagte:
„Es gibt zwei Lebenszustände.
Entweder wir kommen gerade
aus einer Krise oder
wir steuern auf eine zu."

09

Perspektivwechsel

Der Schmerz lehrt uns etwas, das uns völlig gegen unsere eigene Einsicht geht: dass wir abwärts gehen müssen, bevor wir überhaupt wissen können, was aufwärts ist.

Richard Rohr

Wagen wir mal einen Perspektivwechsel: Was also, wenn es gar nicht gut ist, schwerelos und Schwere loszuwerden? Wenn es nicht nur unmöglich, sondern gar schädlich ist? Was, wenn schwerelose Momente und die Anwesenheit von Schwere gar keine Widersprüche sind, sondern einander ergänzen und bedingen?

Vielleicht ist es nicht Entweder-Oder, sondern Und.
Und das eine gibt dem anderen erst die richtige Würze.
Wie Karamelleis mit Salz.

Wenn es auf der Achterbahn des Lebens bergab geht, können wir uns schon mal auf den Looping und den Moment der Schwerelosigkeit freuen. Wohl wissend, dass wir den nur erreichen, wenn's vorher ächzend bergauf geht. Wenn wir starke g-Kräfte aushalten müssen, erinnern wir uns daran, dass sie der Preis für die schwerelosen Höhenflüge sind und dass die Belohnung in Form der nächsten Parabel lockt. Ein bisschen wie beim Investment an der Frankfurter Börse könnten wir versuchen, mit Glück und Freude antizyklisch zu wirtschaften und bereits, wenn der Kurs im Sinkflug ist, auf das nächste Aktienhoch zu spekulieren.

Zum Um-die-Ecke-Denken:
Spürst du gerade g-Kräfte in deinem Leben? Könnte das vielleicht zu einem „Aufstiegskraftakt“ passen? Auf welchen Looping freust du dich?

10

Ohne Schwere geht es nicht: Gravity

Eine völlige Abwesenheit dieser Schwere würde dahin führen, dass der Mensch leichter wird als Luft, dass er emporschwebt und sich von der Erde, vom irdischen Sein entfernt, dass er nur noch zur Hälfte wirklich ist und seine Bewegungen ebenso frei wie bedeutungslos sind.

Milan Kundera

Wenn wir ganz und gar schwerelos und vollkommen frei wären, klingt das zwar gut, aber wir hätten keinen Halt mehr. Wir wären verloren. Wir erinnern uns: Wer schwerelos ist, befindet sich genau genommen im freien Fall.

So wie George Clooney in dem Film „Gravity" (Schwerkraft ☺). Durch eine ungünstige Verkettung von Umständen verliert er die Verbindung zu seinem Raumschiff und schwebt haltlos durchs All davon. Weil es keinen Widerstand gibt, kann er sich auch nicht selbst wieder zurückbewegen. Während man zusieht, wie er als winziger Punkt ganz allein durch die Unendlichkeit des Universums trudelt und langsam immer kleiner wird, bis er aus dem Blick entschwindet, wird es einem ganz kalt ums Herz. Unschöne Vorstellung. Nicht umsonst steht auf den Filmplakaten die Warnung: „Don't let go."

Das Weltall ist zwar der Ort, an dem man dauerhafte Schwerelosigkeit erleben kann – aber eben auch die lebensfeindlichste Umgebung, die man sich überhaupt vorstellen kann. Wenn wir versuchen würden, dort zu leben, würden wir zwar nicht tausend, aber doch mindestens vier Tode sterben: Erst mal natürlich wäre der Sauerstoffmangel ein Problem. Dann würden sich Sauerstoffpartikel in deiner Lunge ausdehnen und die Lunge zum Platzen bringen. Als Nächstes würden die Wassermoleküle in deinem Körper ohne umgebende Atmosphäre verdunsten – und du würdest ungefähr auf die doppelte Größe anschwellen. Weil die menschliche Haut sehr dehnbar ist und das Durchblutungssystem sehr gut funktioniert, würdest du nicht sofort explodieren. Allerdings könntest du extreme Verbrennungen erleiden, wenn du ungeschützt dem ungefilterten Licht ausgesetzt bist. Andererseits wäre das vielleicht ganz angenehm angesichts der 270 Minusgrade, die im Weltall herrschen. Da du dich in einem Vakuum befindest, würdest du aber nicht sofort erfrieren, weil nichts da ist, was deine Körperwärme „absaugen" könnte. Positiv: Dein Körper würde im Weltall kaum verrotten, da auch die Bakterien, die ihn sonst zersetzen würden, nicht überleben. Du würdest also für einige Jahrmilliönchen eine hübsche, verbrannte und zerplatzte, aber gut konservierte Leiche abgeben.

Einmal mehr wird hierbei deutlich, was für ein Wunder unsere Erde ist. Sie schwebt und blüht und wächst und gedeiht und lebt scheinbar schwerelos mittendrin im lebensgefährlichsten uns bekannten Ort. Dem Weltraum. Hier dreht sie sich ganz „zufällig" wie ein knuspriger Döner am Spieß vor sich hin, mit exakt der richtigen Geschwindigkeit. Mit exakt dem richtigen Abstand auf ihrer elliptischen Umlaufbahn um die Sonne. Ihr erster Satellit sorgt mit exakt dem richtigen Abstand für die lebensnotwendigen Gezeiten, deren Wasserberge für genau die Bremswirkung auf das Drehmoment sorgen, dass die Erde ihre Rotationsgeschwindigkeit beibehält. Die exakt richtige Mischung aus Sauerstoffgehalt, Luftdichte, Luftfeuchtigkeit,

Zusammensetzung von Gasen, Temperatur, Erosionen, großen und kleinen Ökosystemen, Mikroorganismen sowie Protonen und Elektronen, die wiederum um ihren Atomkern kreisen, und unzählige weitere Indikatoren machen unsere Erde zu dem einzig bekannten phänomenalen, wunderwahren und schier unendlich vielfältig belebbaren Ort für Tiere, Pflanzen und Menschen.

Wenn nur ein paar größenwahnsinnige Parasiten auf der Erde versuchen würden, Gott zu spielen und an nur einem dieser Parameter, wie zum Beispiel der Temperatur, zu drehen, und sei's nur 1 Grad ... hätte das verheerende und lebensbedrohliche Folgen.

Wir sind Teil eines Ordnungssystems, in dem Gesetzmäßigkeiten herrschen, die unser Überleben sichern. Sich dem zu widersetzen für eine Illusion von Freiheit und Autonomie, könnte gefährlich sein.

Letztlich ist niemand autonom, auch wenn man es nicht immer so deutlich sieht wie bei mir. Kinder, kranke und alte Menschen sind von anderen abhängig. Jugendliche sind abhängig von der Unterstützung ihrer Eltern und vom Können ihrer Lehrer. Wir sind – das merken wir gerade ganz hautnah – abhängig von der Heizöllieferung, vom Wetter, von der Weltpolitik. Selbst in der Entscheidung, wo wir wann hingehen und was wir wie machen, sind wir abhängig davon, ob der Chef uns freigibt, ob das Auto kaputtgeht, ob eine Grippe dazwischenkommt oder, oder, oder.

Wir sind alle irgendwie abhängig und unfrei. Auch wenn es paradox klingt, macht es mich innerlich freier, Abhängigkeit zu akzeptieren. Sie ist einfach ein Naturgesetz, genau wie die Schwerkraft. Sie drückt massiv auf unseren Körper, und doch schenkt sie uns auch Bewegungsfreiheit, denn ohne sie könnten wir uns gar nicht vernünftig von A nach B bewegen. Oder wir würden, flupps, ins Orbit entschwinden.

Uns bleibt gar nichts anderes übrig. So ist die Welt nun mal beschaffen. Ein Spannungsfeld zwischen Anziehung und Freiheit, Bindung und Abenteuer.

Jeder Mensch hat zwei Grundbedürfnisse: Freiheit und Bindung. Liebe ist die einzige Art der Begegnung von Menschen, die beides ermöglicht: engste Verbundenheit und gleichzeitig größtmögliche Autonomie und Freiheit.

Gerald Hüther

Was sagt die Therapeutin?

Friedegard Warkentin, Systemische und Trauma-Therapeutin

Was ist die größte Schwere bzw. die größte Herausforderung für Menschen in unserer heutigen Zeit? Und wie werden wir diese Schwere los?
Ich habe den Eindruck, dass unsere Gesellschaft an einer überwältigenden Haltlosigkeit und Orientierungslosigkeit leidet. Und gleichzeitig versucht, der Schwere über Leichtigkeit, Spaß, Spiel, Ablenkung zu entkommen. Die Menschen fühlen sich wie ein Blatt im Wind, den Krisen steuerlos ausgeliefert. So ein Blatt ist zwar beinahe schwerelos – aber es hat auch seinen Halt, seine Anbindung an seine Lebensquelle verloren. Und irgendwann landet es auf dem Boden der Tatsachen und vergeht.

Wie werden wir die Schwere los? Das ganze Leben ist ein Dialog. Wir geben Antwort, wir können im Angesicht von Schwerem ver-antwort-lich sein oder leicht-fertig. Die Schwere fordert uns heraus. Wir müssen mit ihr in einen inneren Dialog kommen, uns ihr stellen: Warum ist sie da? Wir können sie entmachten, indem wir sie annehmen. Das ist befreiend.

Wir brauchen einen Halt, einen Wert und eine Liebe, die größer sind als unsere eigene Existenz. Die spannende Frage ist: Bist du verbunden mit jemandem oder etwas, das dich befähigt, etwas zu tun, was über dein eigentliches Vermögen hinausgeht? Dem du dich an-vertrauen kannst? Wie das Kabel, das den Astronauten mit Sauerstoff versorgt und an der Basis hält. Das ist keine Fessel, sondern es ermöglicht uns, die Weite, Höhe und Tiefe zu erforschen, ohne verloren zu gehen..

12

Das Gewicht der Liebe

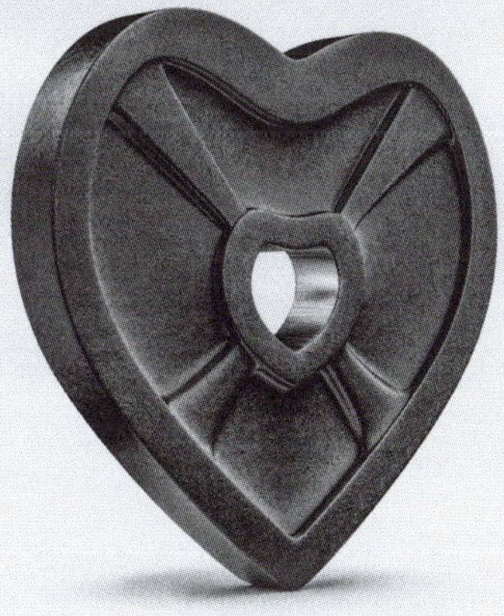

Ein Körper strebt wegen seiner Schwere nach seinem Platz; die Schwere strebt nicht nur nach der Tiefe, sondern nach einem Ruhepunkt. Das Feuer strebt nach oben, nach unten der Stein. (...) Meine Schwerkraft ist meine Liebe; von ihr lasse ich mich tragen, wohin immer es mich zieht.[6]

Augustinus

Augustinus spricht von einem Gewicht oder auch einer Sehnsucht, die jeder Mensch in sich trägt. In der Physik heißt es: Ein Gewicht kommt zur Ruhe, wenn es am tiefsten Punkt angelangt ist, von dem es angezogen wird. Vielleicht komme ich als Mensch auch erst zur Ruhe, wenn ich da ankomme, wo es mich hinzieht.

So wie Augustinus physikalische Begrifflichkeiten benutzt, um das Mysterium Liebe einzuordnen, so wird seit Jahrhunderten und Jahrtausenden mit verschiedensten Ausdrucksweisen in Kunst, Kultur und Literatur versucht, diese Liebe zu beschreiben.

LiebeLiebeLiebeLei – Morgen ist sie vielleicht vorbei (Ich behaupte, dann war es keine Liebe) ... Vermutlich gibt es kein Thema, das so viel und breit und tief besungen, besprochen, verfilmt, bebildert, erforscht, inszeniert und beweint wurde wie die Liebe. Das wiederum birgt die Gefahr, die Liebe zu verwässern, weichzuspülen oder gar zu verfärben und fehlzuinterpretieren. Ich befürchte, dass Liebe nicht diesem plüschigem

Glitzerfunkel-Bild entspricht, das uns die Medien gern malen: Nicht falsch verstehen, ich liebe ja „Kitsch" und will hier nicht konservativ erscheinen, aber in diesem Fall halte ich es für elementar wichtig, sich auf das ursprüngliche oder sogar ursprünglichste Gewicht der Liebe und seiner Kraft zu besinnen.

Liebe braucht im Grunde keine Definition. Und dennoch schenkt uns der älteste Versuch einer Begriffserklärung den Hauch einer Ahnung von dem, was Liebe wirklich ist. Wir kennen sie gut, denn bei jeder zweiten Hochzeit wird sie zitiert. Ungefähr 55 nach Christus schreibt Paulus von Tarsus (obwohl – oder gerade weil er angeblich Single war):

Liebe ist geduldig und freundlich.
Sie ist nicht verbissen / sie kennt keinen Neid.
Sie prahlt nicht und schaut nicht auf andere herab.
Liebe verletzt nicht den Anstand und sucht nicht den eigenen Vorteil,
sie lässt sich nicht reizen und ist nicht nachtragend.
Sie freut sich nicht am Unrecht, sondern freut sich,
wenn die Wahrheit siegt. Liebe ist immer bereit zu verzeihen.
Sie verliert nie den Glauben oder die Hoffnung und hält durch
bis zum Ende. Die Liebe wird niemals vergehen.
1. Kor. 13,4-8, Hfa

Klingt ja ganz hübsch, aber wie sieht es damit in der Realität aus? Wie sieht es in deiner Realität aus?

Wenn's stimmt, was der gute Paulus oben aufzählt, dann ist Liebe wirklich die ultimative Kraft gegen all die schweren Dinge: Ungeduld, Unfreundlichkeit, Angeberei, Eifersucht, Verbissenheit, Ungerechtigkeit, Hoffnungslosigkeit und so weiter. Liebe ist quasi DIE Kern-Kraft.

Frage ich einen Jungen im Zeltlager freundlich, ob er den Mut hätte, auf den Baum zu klettern, um das Sonnensegel zu befestigen, antwortet er ganz cool mit „Nein". Sagt ihm allerdings das Mädchen, das neben ihm steht: „Tu das doch für mich" ... nimmt der Junge all seinen Mut zusammen und klettert sofort auf den Baum.

Liebe schenkt uns Mut und Kraft.

Eine Frau kommt zum Pastor, schwer bekümmert wegen ihres hartherzigen Vaters. Der Pastor sagt: „Dein Vater kennt keine Liebe. Du bist die Liebe, die er kennt. Also bring du ihm Liebe bei."

„Wie kann ich das tun?", fragt die Frau.

„Wenn du nach Hause kommst, umarme deinen Vater und sag: ‚Papa, ich hab' dich lieb'. Und das vierzig Tage lang, jeden Abend."

„Oh, du kennst meinen Papa nicht", sagt die Frau.

Trotzdem versucht sie es und ist am nächsten Morgen sehr geknickt. Sie hatte ihren Vater umarmt, woraufhin er sie harsch überfordert zurückgewiesen hatte. Sie will trotzdem nicht aufgeben.*

Jeden Tag geht sie nach Hause, umarmt ihren Vater und sagt: „Ich hab' dich lieb."

Nach etlichen Tagen wird ihr Vater ein wenig weicher und duldet das Umarmen. Bis er eines Tages vorsichtig die Umarmung erwidert.

Nach 40 Tagen ist die Frau dankbar, dass sie es geschafft hat.

Als sie nach Hause kommt, ist es dunkel im Wohnzimmer. Sie geht die Treppe hinauf, und hört auf einmal eine freundliche Stimme aus dem Sessel: „Tochter, was ist mit unserer Umarmung?"

Liebe bringt Ausdauer und Vergebung.
Liebe verändert.

(*Es handelt sich hier um einen individuellen Fall, was Liebe bewirken kann. Bedingt zur Nachahmung empfohlen. Trotzdem:) Ich glaube, dass wir oft nicht wissen, wie wir mit lieblosen Menschen umgehen sollen. Aber vielleicht brauchen sie genau dich. Weil du Liebe in dir hast?

Der Preis ist, dass wir manchmal auf unser Recht verzichten müssen. Wir möchten so oft Menschen durch unser Aussehen, unsere Leistung, durch unsere Rhetorik oder unsere Empörung überzeugen. Aber nichts davon ist stärker als die Liebe. Ich möchte mehr mit Liebe und weniger mit Argumentation leben, mehr mit Liebe und weniger mit Empörung Regeln oder Anklagen.

Angela Merkel wünschte sich bei ihrer Verabschiedung nach mehr als 30 Jahren Politik zum großen Zapfenstreich das Lied „Ich bete an die Macht der Liebe". Als das Kommando „Helm ab zum Gebet" gegeben wurde und die Melodie erklang, hatte sie Tränen in den Augen. So auch ich. (Im selben Jahr war „Ich bete an die Macht der Liebe" das letzte Lied, dass ich unmittelbar vor Omas Tod gemeinsam mit ihr und Alexa gesungen hatte.) Frau Merkel liebt(e) die Politik. Als ich mich in einem Vier-Augen-Gespräch mit ihr etwas frech erdreistete, sie nach einstigen Kinderwünschen zu fragen, sagte sie sinngemäß: „Die Politik und dieses Land sind meine Kinder. Sie verdienen all meine Energie und Aufmerksamkeit." Dafür war sie bereit, alles zu geben und immer wieder über ihre körperlichen und psychischen Belastungsgrenzen hinauszugehen.

Liebe arbeitet gerne.
Liebe ist Herr über Zeit und hält Belastungen stand.
Liebe gibt gern.

Die venezianische Bevölkerung hasst die Besatzung durch die Österreicher und boykottiert den Besuch des kaiserlichen Ehepaars. Als Sissi jedoch auf dem skeptisch schweigenden Markusplatz in Venedig nach Monaten der Trennung auf ihre kleine Tochter zu rennt und sie in die Arme schließt, hören wir nach einem Moment der Stille den Ruf: „Viva la Mama!" Und die Bevölkerung bricht in Jubel aus.

Liebe begeistert und überwindet Hass.
Sie ist kreativ und inspiriert die schönsten Kunstwerke.
Wie dich. ;-)

Sie ist nicht nur Kern-Kraft, sondern auch die stärkste Abwehr- und Antriebskraft, die wir haben. Sei es, um Liebe zu empfangen oder um Liebe zu geben.

Wir sind geliebt und wir können lieben. Ich glaube, wir *sind* sogar geliebt (noch bevor wir geboren wurden) und deshalb erst *können* wir lieben. Das allerdings macht Liebe zu einer Glaubensaufgabe. Wenn wir annehmen und glauben, dass wir bedingungslos geliebt sind, sind wir in der Lage, dieses Geschenk der Liebe weiterzugeben.

Zum Problem wird es meiner Meinung nach dann, wenn wir nicht glauben, dass wir geliebt sind. Wenn wir „Die Macht der Liebe" missbrauchen und sie als Machtinstrument benutzen. Dann versuchen wir den gefühlten Liebes- oder auch Anerkennungsmangel zu kompensieren. Liebe wird zu einer **„Spielautomaten-Währung“**. Wir drücken, zerren oder ziehen am Partner oder der Hundeleine, damit der Partner oder der Hund unseren Mangel ausfüllt. Wenn dann unten etwas rauskommt, das uns Liebe suggeriert, sind wir bereit, „Liebe“ zurückzugeben. Nur wenn wir uns geliebt fühlen, lieben wir zurück.

Wir sollten also versuchen, nicht aus einer inneren Leere heraus zu Lieben. Und auch nicht Liebe einfordern aus Angst, nicht geliebt zu sein. Das beginnt bei „Geben-und-nehmen-Beziehungen“ über manipulative und toxische Partnerschaften, bis hin zu den großen Machthabern, die, wie ich befürchte, im Kern auch aus einem Mangel an Liebe diktieren.

Angst das Kern-Problem.
Liebe die Kern-Kraft.

Während das nächste Kapitel zum *„Kurz-Gehirn-abschalten“* dient, zeigt das übernächste eine weitere Option auf, was gegen Angst helfen kann.

Überraschend fand ich in diesem Zusammenhang, dass selbst ein Hirnforscher und Neurobiologe, in diesem Fall Professor Gerald Hüther, zu dem Schluss gekommen ist: **das Gegenteil von Angst ist Liebe.** Und da

Angst wohl eines der runterdrückendsten Machtinstrumente sein kann, sollte Liebe im Leben ein starkes Gewicht haben. Auch wenn sie manchmal schwerfällt.

**Die Liebe kennt keine Angst.
Wahre Liebe vertreibt die Angst.
Wer Angst hat, bei dem hat die Liebe
ihr Ziel noch nicht erreicht.**
1. Johannes 4,18, Hfa

13

Widerstand ist ~~zwecklos~~ lebenswichtig

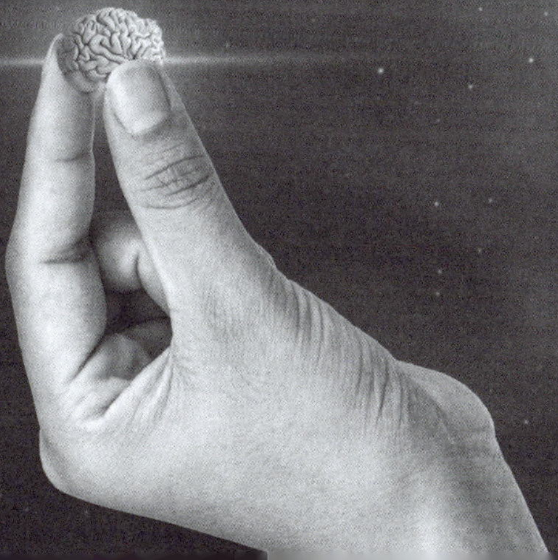

Der Körper verfällt in der Schwerelosigkeit schneller, das hat man in Untersuchungen an Astronauten festgestellt. Selbst das Gehirn schrumpft.

Vielleicht ist das die Lösung.

So lange Zeit in der Schwerelosigkeit verbringen,
bis das Gehirn auf die Größe einer Rosine geschrumpft ist.
Keinen Platz mehr für schwere Gedanken.
Nur noch „Schubidu".

Außerdem altert man vorzeitig, die Knochendichte lässt nach, die Abwehrkräfte erlahmen, das Herz wird kleiner und schwächer, weil es nicht mehr so viel pumpen muss, und die Muskeln verkümmern[7]. *(Hm, klingt vielleicht doch nicht so erstrebenswert!)* In der Schwerelosigkeit verliert man zudem leicht die Orientierung, weil dem Gleichgewichtsorgan der Referenzpunkt fehlt. Der einzige Vorteil ist, dass man größer wird, weil die Bandscheiben nicht komprimiert werden.

Alles nur, weil die Schwerkraft fehlt. Wir sind einfach nicht für die Schwerelosigkeit geschaffen. **Wir brauchen Widerstand, um stark zu werden. Wir brauchen Bindung, um nicht wegzudriften. Wir brauchen Schwere, um nicht abzuheben.**

Ohne Schwere/Runterdrückung/„Depression" (oder auch das Gegenteil, „Elevation") würden unsere Muskeln und Gelenke verkalken, kontrahieren, demineralisieren, Arthrose, Osteoporose und andere Probleme entwickeln. Jeder (Muskel) braucht einen Gegenspieler. Bandscheiben und Knorpel brauchen Zug und Druck, Traktion und Kontraktion, damit sie mit der nötigen Flüssigkeit versorgt und ernährt werden. Ein Astronaut erklärt: „Nur durch das Trainieren gegen Widerstände, zum Beispiel Gummibänder, hält man die negativen Effekte der Schwerelosigkeit auf."[8]

Gerade für unbewegte Menschen wie mich ein Grund mehr, sich regelmäßig schweren Kräften auszusetzen, wie beim Steh- und, wenn möglich, Lauftraining. (Übrigens, falls du ebenfalls nicht mehr so ganz mobil bist, oder jemanden kennst, und dazu Anregungen brauchst, habe ich gemeinsam mit meinem Bruder, der Physiotherapeut ist, „Bewegungsvideos für Unbewegte" entwickelt[9]).

Ich befürchte, nicht nur einzelne Muskeln, Knorpel oder Knochen brauchen eine gewisse „Runterdrückung" und Widerstand, um gesund zu bleiben, sondern auch der ganze Mensch.

14

Wie Schwere gegen Angst hilft

Achtung, der neueste Shit: Gewichtsdecken. Durch eingenähte kleine Glasperlen wiegen diese Decken 10 oder 12 Kilo. Und sie scheinen vielen Leuten sehr zu helfen, die unter Stress, Depressionen, Angstzuständen und Schlafproblemen leiden.

Warum?

Das Gewicht der Decke (das bekannteste Modell heißt bezeichnenderweise „Gravity!") erzeugt Tiefendruck auf den Körper (Deep Touch Pressure Simulation), der dem Nervensystem hilft zu entspannen, indem er ein sicheres und ruhiges Gefühl erzeugt. Durch den Tiefendruck wird die Ausschüttung des Glückshormons Serotonin angeregt, die Produktion des Schlafhormons Melatonin gefördert und gleichzeitig der Cortisolspiegel (das sogenannte Stresshormon) gesenkt. Die Schwere der Decke vermittelt dem Gehirn das gleiche Signal, das bei einer liebevollen Umarmung entsteht (WTF?!).

Das Ergebnis ist ein euphorisches Gefühl der völligen Entspannung des Körpers und des Nervensystems. Angstzustände verringern sich. Tiefschlafphasen werden schneller erreicht und ein Gefühl von innerer Ruhe, Sicherheit und Gelassenheit stellt sich ein. Gelenke, Muskeln und Sehnen entspannen sich.

Und das alles nur wegen ... Schwere

Wer will da noch Schwere loswerden? Und das in einem Buch zum Thema „Schwerelos." „Thema verfehlt", hätte mein Deutschlehrer wohl gesagt.

Entdeckt hat das Ganze die US-Amerikanerin Temple Grandin. Als Autistin litt sie unter Angstzuständen und konnte Berührungen nicht ertragen. Starker Druck dagegen wirkte entspannend auf sie, und deshalb entwickelte sie eine Maschine, die mittels zweier gepolsterter Platten ihren Körper fest zusammenpresste. 10 Minuten in dieser Maschine verringerten ihre Angstsymptome für Stunden. In den 1990er-Jahren[10] ließ sie 40 College-Studierende ihre Maschine ausprobieren.

Und jetzt wird's ganz verrückt: 55 Prozent der Testpersonen beschrieben, dass sie durch den Druck **ein Gefühl der Schwerelosigkeit** empfanden.

Der Gegensatz von leicht und schwer ist der geheimnisvollste und vieldeutigste aller Gegensätze.

Milan Kundera

Zum Selberdenken:
Welche Art von Schwere sollten wir lieber doch nicht loswerden?

SCHULE

WOHLFÜHLGEWICHT

JOB

KINDER

HAUSTIER

BEZIEHUNG

15

Tiefen-muskulatur

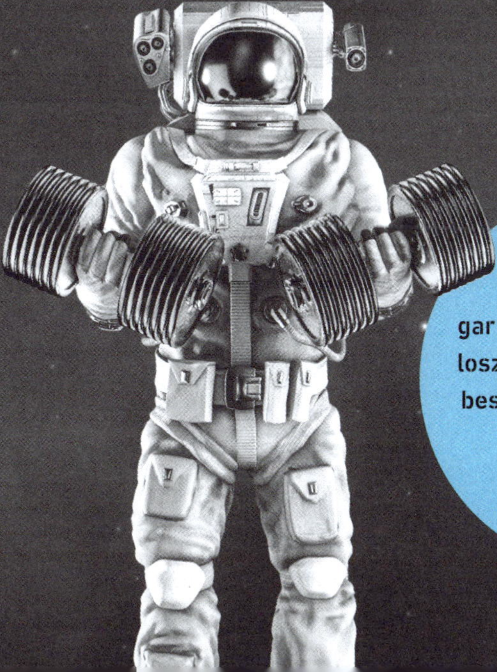

Es geht also gar nicht darum, Schwere loszuwerden. Sondern sie besser tragen zu können. Und dazu braucht man Kraft.

Stärker als ein auffälliger dicker Bizeps sind natürlich, klar, zwei auffällige dicke Bizepse. Aber noch wichtiger ist etwas viel Unauffälligeres: die Tiefenmuskulatur. Wie der Name schon nahelegt, macht die gar nicht so viel her. Man sieht sie nicht mal wirklich. Diese sogenannte „autochthone Muskulatur" kann man auch mit der größten Willenskraft nicht bewusst anspannen. Aber sie balanciert den Körper ständig aus, stabilisiert ihn und schützt ihn so vor Verletzungen, ohne dass man es mitbekommt. Besonders die Wirbelsäule. Wenn ich singen könnte, könnte ich ein Liedchen davon singen, wie wichtig die für alles ist.

Auf Englisch heißt die Tiefenmuskulatur „core strength". „Core" kommt vom lateinischen corum = Herz, Zentrum. Du kannst von außen so viel Muskelmasse auf dich draufpacken, wie du willst – wenn die „core strength" nicht da ist, macht dich das sogar eher instabiler und verletzungsgefährdeter. Glücklicherweise können wir diese „Kernkraft" mit verschiedenen Übungen trainieren.

Was für den Körper gilt, gilt erst recht für die Psyche. Nicht umsonst steckt das Wort „corum" auch in „Courage" = „Mut/Beherztheit". Es gibt viele Möglichkeiten, unsere mentale Tiefenmuskulatur zu stärken und auf diese Weise leichter durchs Leben zu gehen.

Die gute Nachricht ist,
man kann ganz viel auch spät im Leben
lernen, stärken und verändern.

**Schauen wir uns das
mal näher an.**

16

Schwerkraft-Abwehrkräfte

**Das Licht
ist die natürliche
Gegenkraft zur Schwerkraft.
Während die Schwerkraft
alles nach unten zieht,
zieht das Licht
nach oben.**
Simone Weil

Wer mich schon mal kennenlernen musste, weiß, dass wir jetzt bei meinem Lieblingsthema angekommen sind, nämlich **Resilienz.**

Dieser Begriff steht für die innere Widerstandskraft von Menschen – oder eben die Fähigkeit, Schweres zu (er)tragen. Ganze Forschungszweige beschäftigen sich damit. Wird man resilient geboren, sind manche Leute einfach „kernfester" oder widerstandsfähiger? Und inwiefern kann man Resilienz lernen?

Wichtig dafür sind die sogenannten „Säulen der Resilienz". Das ist ein schönes Bild für unsere Absicht hier, denn Säulen sind ja dazu da, Schweres zu tragen.

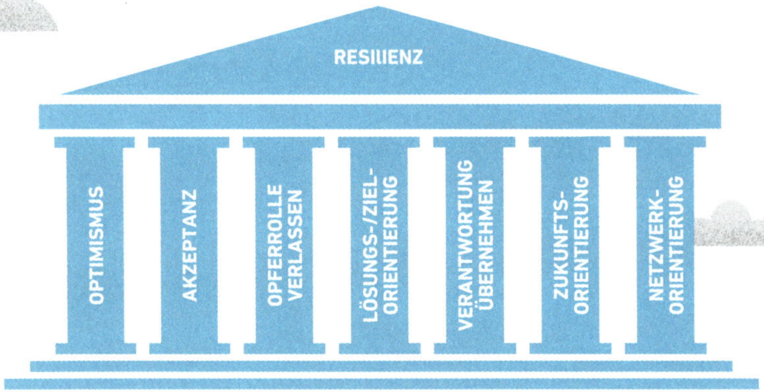

Die sieben Säulen der Resilienz klingen schön und gut, haben durchaus für verschiedene Alltagssorgen ihre Berechtigung, und ich will auch Resilienz-Ratgeberliteratur hier gar nicht schlechtreden (habe ja selbst so was Ähnliches geschrieben). Aber spätestens wenn es hart auf hart kommt, empfinde ich diese Säulen als relativ realitätsfremd. Sag mal einer Mutter, die gerade ein Kind verloren hat: „Erstens: Du musst eine optimistischere Sichtweise an den Tag legen. Zweitens: Verlass die Opferrolle. Drittens: Du musst deine Selbstwirksamkeitsüberzeugung erhöhen." Ich denke und weiß mittlerweile, dass es da mehr geben muss. Die Kraft muss tiefer verankert sein und, ähnlich wie die Tiefenmuskulatur, nicht von außen antrainiert, sondern von innen heraus aufgebaut werden. Und selbst dann haben die 7 Säulchen ganz schön viel zu tragen. Statisch sinnvoller ist es, das Gewicht auf mehr Säulen zu verteilen.

Für mein letztes Buch, „StehaufMensch!", habe ich mich daher auf die Suche nach alternativen Säulen gemacht, die mir angereichert durch reale Situationen tragfähiger vorkamen. Sieben Jahre bin ich unterwegs gewesen, um Antworten auf die Frage zu finden, was Menschen wirklich Kraft gibt. Ich habe Todkranke und Topmanager, Flüchtlinge und Häftlinge, aber auch Gisela von nebenan und viele mehr befragt und die Werte und Methoden gesammelt, die diesen Menschen geholfen haben.

Im Folgenden möchte ich darlegen, inwiefern all das konkret helfen kann, Schweres zu (er)tragen. Schwerkraft-Abwehrkräfte sozusagen.

Die ganze Mühe von damals hätte ich mir vielleicht sparen können, denn weitere sieben Jahre später hat die Uni Gießen eine Studie an über 1.000 Studenten durchgeführt, bei der es um die Frage ging, wer die Folgen der Corona-Pandemie psychisch relativ gut verkraftet hat und warum. Und siehe da, das Ergebnis dieser Studie war, wenig überraschend und damit erfreulicherweise verblüffend, deckungsgleich mit meinen Recherche-Ergebnissen. Wer mehr darüber wissen möchte, findet die Studie hier:[11]

Da an diesen Werten und Haltungen für die Resilienz also anscheinend wirklich was dran ist, schauen wir, wie sie im Hinblick auf unser Thema gegen die schweren Zeiten, schweren Gedanken und andere Schwer-Kräfte helfen können.

Dazu zunächst ein Bild.

Nehmen wir mal an, wir wollten eine Rundreise mit einem Ballon machen. Schwerelos im Heißluftballon schwebend unterwegs – eine herrliche Vorstellung. Alles ist still, der Himmel ganz nah, der Boden der Tatsachen weit entfernt. Städte, Felder und Seen gleiten unter dem Korb vorbei. Grenzen, die sonst für Streit und Krieg sorgen – nur eine zufällige Anordnung von Bergen und Flüssen. Und wohin die Reise letztlich geht, weiß nur der Wind. Ein Heißluftballon kann nicht wie ein Flugzeug gesteuert werden. Der Ballonführer kann lediglich durch unterschiedliche Höhen und eventuell variierende Windrichtungen minimalen Einfluss nehmen.

Was braucht es, um einen Ballon zum Abheben zu bringen? Es gibt Gasballone und Heißluftballone. Bei Gasballonen wird die Hülle mit Wasserstoff oder Helium gefüllt. Diese Gase sind leichter als die umgebende Luft und der Ballon steigt nach oben. Um Höhe zu gewinnen, wirft der Gasballonfahrer dosiert den mitgeführten Ballast (aus Sand- oder Wassersäcken) ab. Um zu sinken, lässt er Gas aus dem Ballon ab.

Heißluftballone haben einen Brenner, der die Luft in der Hülle erwärmt, wodurch sie eine geringere Dichte bekommt als die Umgebungsluft. So erhält der Ballon Auftrieb.

Im 18. Jahrhundert gelang dem Franzosen Jean-Pierre Blanchard die erste Ballonfahrt. Legendär ist seine Fahrt über den Ärmelkanal 1785. Nach rund

10 Kilometern verlor Blanchards Ballon stark an Höhe, und er musste so viel Ballast abwerfen wie nur möglich. Er schmiss Messgeräte, Sandsäcke, Bücher und sogar den Landeanker in die Nordsee. Als das nicht reichte, zogen er und sein Mitfahrer sich bis auf die Unterhosen aus und entleerten auch noch ihre Blasen. Und so schafften sie es dann aufs Festland bei Calais.

Ballonfahren, so sagen Fachleute, ist schwerer kontrollierbar als ein Flug ins All. Denn es kommt nicht darauf an, dass die Technik die Natur besiegt, sondern man muss sich mit der Natur im Einklang befinden. Den Wind lesen und sich von ihm tragen lassen. Man ist den Elementen ausgeliefert und kann nicht bestimmen, was passiert. Und wenn ein richtig starker Sturm aufkommt, muss man so schnell wie möglich auf den Boden zurück. Aber die Aussicht ist Hammer.

Eigentlich genau wie das ganze Leben.

Das sagt auch der Schweizer Arzt, Psychiater, Pilot und Abenteurer Dr. Bertrand Piccard. Er schaffte 1999 die erste Nonstop-Umrundung der Erde im Heißluftballon. „Das ganze Leben", so seine Erkenntnis, „ist wie eine Ballonfahrt. Alles hängt von den Winden ab. Manchmal haben wir Krisen, große Turbulenzen, alles dreht sich, ist instabil, eine Bruchstelle." Als Ballonfahrer hat Piccard gelernt, nie gegen den Wind zu kämpfen, sondern mit ihm zu fliegen:

„Manchmal muss man auch im Leben Ballast abwerfen, eine neue Strategie entwickeln und die Flughöhe ändern, um eine bessere Richtung zu finden."

Ballast und Auftrieb sind also gleichermaßen wichtig fürs Ballonfahren. Aber beides muss immer in Balance sein. Das eine funktioniert nicht ohne das andere. Mit zu viel Ballast kann man nicht abheben. Mit zu wenig kommt man vielleicht zu spät wieder zurück. Und übrigens ist der wichtigste Ballast, ohne den ein verantwortungsvoller Ballonführer gar nicht abhebt, der Mitfahrer – also du selbst.

BALLON:
Was macht dich
zu dem,
der du bist?
Identität
FEUER &
FLAMME:
Was treibt
mich an, wofür
brenne ich?
Ziele, Motivation
Nächstenliebe,
Geld
Süchte, Ängste,
Zorn, schlechte
Angewohnheiten
KORB:
Was trägt mic
und verhinder
dass ich
abstürze?
BALLAST-
SÄCKE:
Belastende
Dinge, die man
abwerfen
muss
Beziehungen,
Job, Erfahrungen,
Glaube, Werte

zum selber ausfüllen

Unnötiger Ballast

Was sind die größten „Ballaststoffe" und Schwergewichte, die uns runterdrücken?

Sorgen, Stress, Angst, Zweifel, Einsamkeit, Ohnmacht, Ansprüche, Erwartungen, Enttäuschungen, Zorn, Verurteilung, Antriebslosigkeit, Sinnlosigkeit, Traumata, Krankheiten, Egoismus, Traurigkeit, Gier, Geiz, Streit, Neid, Leid ...

Es gibt gute Nachrichten: Den meisten (R-)Unterdrückern kann man etwas entgegensetzen! Im Folgenden teilen wir die Methoden oder „Abwehrkräfte", mit denen wir gegen die Schwere ankommen können, in zwei Kategorien:

A **Was hilft beim „Ballast abwerfen", beim Loslassen und beim Leichter werden? Was ent-lastet?**

B **Was gibt den nötigen Auftrieb, um trotz Schwerem fliegen zu können? Was stärkt die Be-Lastbarkeit?**

Sorgen	Mutausbrüche
Zorn, Wut	Loslassen, Beweglichkeit
Ohnmacht	Vergebung, Sanftmut
Angst	Abwehrkraft: Hoffnung
Antriebslosigkeit	Sinn, Dienen
Erwartungen	Selbstermächtigung
Selbstzweifel	Beweglichkeit
Zweifel	Glauben
Einsamkeit, Egoismus	Erfolgserlebnisse, Selbstermächtigung
Starrsinn	Vergebung, Loslassen
Traumata	Hoffnung, Humor
Krankheiten	Dienen, Dankbarkeit, Demut
Traurigkeit, Ernst	Loslassen
Enttäuschung	Hoffnung, Dankbarkeit, Selbstdistanzierung, Langmut
Gier	Dienen, Demut
Neid	Besinnung
Stress	Dienen, Dankbarkeit, Demut

17

Kategorie A:

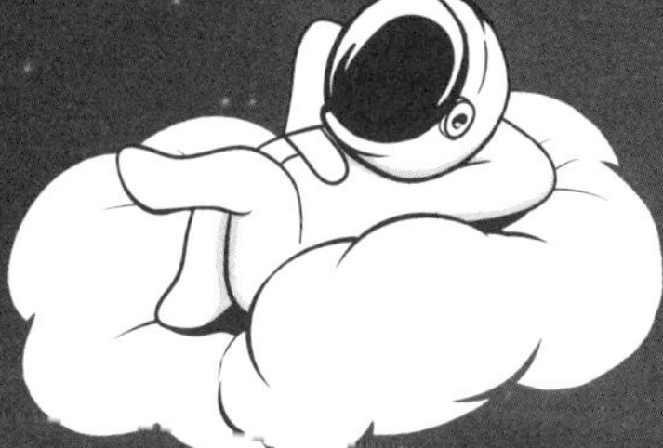

Was hilft beim „Ballastabwerfen"? Was ent-lastet?

Egoismus-Abwehrkraft: Demut

Demut besteht nicht darin, dass wir uns für minderwertig halten, sondern darin, dass wir vom Gefühl unserer eigenen Wichtigkeit frei sind.
Matthieu Ricard, französischer Molekularbiologe und buddhistischer Mönch

Nicht für minderwertig halten, sondern vom Gefühl der eigenen Wichtigkeit frei sein – klingt zwar ganz schön, aber auch gar nicht mal so leicht.

Bei „Demut" denken viele an eine fußabtreter-artige Bücklingshaltung oder ein schlechtes Selbstwertgefühl, an „sich klein machen". Dabei steht der Begriff für eine gesunde Bescheidenheit.

Das würde mich von gleich zwei richtigen Schwergewichten befreien: einem toxischen Ego und dem Druck, irgendwie (ge)wichtiger zu sein als andere. Mit ein bisschen gesundgeschrumpften Ansprüchen an sich selbst und an die Welt lebt es sich eindeutig viel leichter.

Vielleicht muss ich gar nicht besonders sein, nicht perfekt, nicht unfassbar schön oder überfliegend intelligent oder abgrundtief talentiert. Ganz normal oder gar durchschnittlich zu sein, ist völlig in Ordnung. Ich muss nichts darstellen, was ich gar nicht bin (außer natürlich für Geld, weil das mein Beruf ist*). Es muss auch nicht alles, was ich tue, unfassbar aufregend sein. Und schon gar nicht dreht sich die Welt nur um mich und meine Bedürfnisse. Jeder andere Mensch ist genauso wichtig wie ich.

Zum Selberdenken:
Hast du Mut zur Demut? Warum nicht?

*Demütiger Kommentar:
Unterschied zwischen Politik und Theater:
Im Bundestag werden schlechte Schauspieler gut bezahlt.

Bitterkeit-Abwehrkraft: Vergebung

Achtung, nun wird es herausfordernd. Die Suche nach Schwerelosigkeit kommt nicht umhin, auch auf das Schwere zu blicken. Und wohl das Schwerste und Erdrückendste, was ein Mensch erfahren kann, ist Krieg oder anders formuliert: Unfrieden. Und der beginnt und schmerzt schon im Herzen ...

Ist es möglich, dieses Schwergewicht im Herzen loszuwerden – auch und gerade, wenn andere Menschen einem Schweres zugefügt haben? Hier ein Paradebeispiel aus unserer jüngsten Geschichte: Corrie ten Boom überlebte das KZ Ravensbrück, in dem sie gelandet war, weil ihre Familie Juden in ihrem Haus versteckt hatte. Viel später, nach dem Krieg, sprach sie in einer Kirche, und hinterher kam ein Mann auf sie zu.

In diesem Moment sehe ich den Mantel, die blaue Uniform. Ich sehe den großen Raum, in dem wir uns nackt ausziehen mussten. Die Schuhe und die Kleider am Boden. Ich erinnere mich an die Scham, an meine ausgemergelte Schwester, deren Rippen unter der pergamentartigen Haut hervortraten. Meine Schwester überlebte das Konzentrationslager nicht. Unter anderem wegen diesem Mann mit der Jagdpeitsche, die in seinem Gürtel steckte. Mein Blut schien zu gefrieren.

Er sagte: „Sie sprachen von Ravensbrück. Ich war Wächter dort. Inzwischen bin ich Christ geworden." Er streckte mir seine Hand entgegen und fragte: „Werden Sie mir vergeben?"

Sekunden stand ich wie gelähmt vor diesem Mann, doch es kam mir vor, als wären es Stunden. Ich kämpfte in meinem Inneren: Meine Schwester war elend und langsam gestorben. Nach dem Krieg hatte ich ein Heim für Naziopfer eröffnet. Ich erlebte dort, dass die, die vergeben konnten, innerlich frei wurden, egal, welche körperlichen Schäden sie hatten. Die, die an ihrer Bitterkeit festhielten, blieben jedoch Invaliden.

Nun war es an mir.

Ich stand immer noch vor dem Mann. Kälte umklammerte mein Herz. Doch Vergebung ist kein Gefühl, sondern in erster Linie ein Akt des Willens. Mit einer mechanischen Bewegung legte ich meine Hand in die Hand, die sich mir entgegenstreckte.

Dann geschah etwas Unglaubliches! Ein heißer Strom entsprang in meiner Schulter. Er lief meinen Arm entlang und sprang über in unsere beiden Hände. Mein ganzes Sein wurde von dieser heilenden Wärme durchflutet. Ich hatte plötzlich Tränen in den Augen und konnte sagen: „Ich vergebe dir! Ich vergebe dir von ganzem Herzen."

Wenn man anderen etwas nachträgt, ist man selbst derjenige, der das Gewicht schleppt. Und wenn es Menschen gibt, die es so wie Corrie schaffen, einem Nazi-Aufseher zu verzeihen, der ihre Familie getötet hat ... wie viel mehr kann ich dann meiner Mutter, dem Lehrer, der Nachbarin oder dem Ex-Mann vergeben?

Zum Leichterdenken:

Wo trägst du jemandem etwas nach, was dich nur selbst beschwert?

Gier-Geiz-Neid-Unzufriedenheits-Traurigkeits-Selbstmitleids-Abwehrkraft-Allzweckwaffe **Dankbarkeit**

Mein täglicher und extrem effektiver Weg zum Perspektivwechsel. Immer, wenn ich mich schlecht fühle, zähle ich im Geist all die Dinge, Menschen und Umstände auf, für die ich dankbar bin: Late Checkout, Bananensplit, Sprühflaschen, Freunde, Familie, keine Rechnungen im Briefkasten, Wunderkerzen, Pusteblumen, Meer, laut Musik hören ...

Jeder kleine Dank ist wie ein pfiffiges Luftstößchen, ein kleines „Pffft" mit heißer Luft, das dem Ballon Auftrieb verleiht. Loben zieht nach oben.

Manchmal kommt einem Dank nur schwer über die Lippen. Wenn gerade die Mutter gestorben ist, kann man nicht einfach übergangslos dankbar sein. Um sich der Dankbarkeit trotzdem zu nähern, muss man vielleicht etwas kleiner anfangen. Ein solcher kleiner Anfang könnte es sein, zu akzeptieren, dass 90 oder vielleicht auch 99% der aktuellen Situation beschissen oder schlecht sind, und sich damit gleichsam vor Augen zu führen, dass also 10 oder wenigstens 1% gut sein müssen. **Bevor es also zu euphorisch lobender Dankbarkeit kommen kann, muss zunächst die schlichte Wahrnehmung des Guten stattfinden.** Im Optimalfall folgt dann irgendwann die Freude über das Gute. Und als Nächstes die Dankbarkeit.

Ein bisschen schwierig ist für mich die Vorstellung, einfach so in den luftleeren Raum dankbar zu sein – wie ein Brief ohne Empfänger. Für viele ist es vielleicht das Leben an sich, dem sie dankbar sind, oder das Universum. Für mich kann's nur Gott sein.

Zum Selberdanken:
Denkst du noch oder dankst du schon? Was steht auf deiner Dankbarkeitsliste?

Stress-Abwehrkraft: Besinnung

Manchmal ist mein Alltag mit halbstündlich getakteten Terminen und anderen zentrifugalen Tätigkeiten vollgestopft, also Dingen und Gedanken, die mich in die verschiedensten Richtungen ziehen und zerren. Und wenn ich dem noch zusätzlich aktiv Dinge hinzufüge, ist die Zerstreuung perfekt. Um all die verstreuten Teile meiner selbst irgendwie wieder einzusammeln, kann es extrem sinnvoll bis notwendig sein, auch mal zur Ruhe zu kommen. Wie schon einst der gute Goethe sagte:

Denn ein äußerlich Zerstreuen,
das sich in sich selbst zerschellt,
fordert inneres Erneuen,
das den Sinn zusammenhält.[12]

Ich muss im wahrsten Sinne des Wortes immer mal wieder „zu mir kommen". Das Mittel der Wahl, um das zu erreichen, ist das, was man zum Beispiel im Kloster Kontemplation nennt. Meditation, Besinnung, Stille Zeit – wie immer es auch bezeichnet wird, im Kern ist es dasselbe: eine innere Sammlung als dringend benötigter Gegenpol zu Stress und Zerstreuung.

Wenn man in einem Video etwas ganz genau verfolgen will, verlangsamt man die Wiedergabezeit, um das Bild genauer unter die Lupe zu nehmen. Die Zeitlupe. Dann kann man Details besser wahrnehmen. Wenn man Sterne mit der Kamera einfangen möchte, gibt das oft ein frustrierendes Bild. Warum? Weil wir uns und der Kamera zu wenig Zeit gegeben haben. Schön kann es erst werden, wenn man die Belichtungszeit erhöht. Das heißt, man muss im Fall der weit entfernten Sterne lange stillhalten, damit das Licht nicht zerstreut, sondern eingefangen wird. Dann ahnt man sogar, wie die Welt sich dreht.

Solltest du also gerade keine Sterne (im Leben) mehr sehen, musst du entweder mit dem Kopf gegen die Wand rennen – oder stillstehen. Zeit einplanen. Genau hinschauen. Und den lichten Momenten die Gelegenheit geben zu leuchten. Je schneller man sich aber bewegt und gealltagt durch den Hetzer stressen lässt, desto schlechter stehen die Chancen, etwas zu sehen. Auch hier gilt wieder: Vor der Erleuchtung kommt die Wahrnehmung.

Zum Andenken:
Wie kommst du zur Ruhe? Wenn du dabei Unterstützung brauchst: siehe die Nicht-Meditation auf Seite 185

Traurigkeits-Abwehrkraft: Humor bzw. Selbstdistanzierung

Mama stellte jüngst fest, dass ich bei Vorträgen oder Lesungen meistens Papa und nicht sie zitiere. Ich meinte zu ihr: „Na ja, was du so sagst, ist eben leider nicht gesellschaftstauglich und unbequem." Leider stimmt das. Zum Beispiel ist einer der häufigsten Sätze, die ich in meiner Kindheit von ihr zu hören bekommen habe: „Stell dich nicht so an."

So hart und unangenehm diese Aussage im ersten Moment klingt, wenn sie einem jemand anders an den Kopf wirft, desto hilfreicher empfinde ich sie heute in meinem Alltag, wenn ich mich selbst dazu ermahne: „Stell dich nicht so an!"

Ich habe den Eindruck, dass gerade wir Deutschen Weltmeister im Anstellen sind. Nicht nur an der längsten Schlange. Oft klagen und jammern wir, ohne wirklich zu leiden, statt uns ein Beispiel an denen zu nehmen, die leiden, ohne zu klagen. Wenn man in schweren Momenten innerlich einen Schritt zurücktreten kann, verändert das die Dimension. Und die Relation: Das Schwere fällt ab wie der berühmte Stein vom Herzen.

„Der Mensch muss sich nicht alles gefallen lassen – auch nicht von sich selbst!", lautet ein berühmter Satz von Viktor Frankl. Und wenn es einem dann noch gelingt, den Humor auch in schwierigen Situationen zu bewahren, macht das alles leichter. Diese Fähigkeit der Selbstdistanzierung, die ich für mich einfach mit „über mich selbst lachen können" übersetzen würde, hilft mir immer wieder. Es ist schlicht und ergreifend so, dass es viel mehr Freude macht, das Leben und sogar die unangenehmen Begebenheiten darin mit Humor zu betrachten, als es nicht zu tun.

Zum Ausdenken:

Welche Situation könnte gerade eine „leichte Prise" Humor vertragen? Wie schlimm wird es in 3 Jahren sein? Schaffst du es, den Blick zu erheben, trotz der Probleme? Könntest du die Tragödie mit der Komödie überwinden?

Ärger & Wut-Abwehrkraft: Sanftmut

Zwischen Reiz und Reaktion liegt ein Raum.
In diesem Raum liegt unsere Macht zur Wahl unserer Reaktion.
In unserer Reaktion liegen unsere Entwicklung und unsere Freiheit.
Stephen Covey

Der Ärger mit dem Ärger ist, dass man ihn sich selbst zufügt: Man denkt immer, die anderen ärgern einen, aber genauer betrachtet ärgert man sich selbst. So wird das Wort ja auch normalerweise im Sprachgebrauch verwendet: „**Ich** ärgere **mich** über ...“. Wut und Ärger sind echt eine harte Nuss, an der ich immer wieder zu knacken habe. Sehr schwer verdaulich.

Viele Autofahrer hier in Mannheim regen sich seit über einem Jahr immer wieder tierisch auf und fluchen (und belasten damit vielleicht ihre Seele) über die knappen Straßenverengungen vor den Brücken. Wenn sie aber darüber informiert werden, dass von der Brücke abbröckelnde Betonteile lebensbedrohliche Schäden angerichtet haben und die Schikanen verhindern, dass schwerere LKW die Stabilität der Brücke weiterhin gefährden, dann sind die (meisten) Menschen *verständnisvoll*-beruhigt und ärgern sich nicht mehr.

#dontjudge
#mutausbrüchestattwutausbrüche

Ich kann mich den ganzen Tag über alles Mögliche ärgern, aber ich bin nicht verpflichtet dazu. Und weil Ärgern, Wut und Zorn mir vor allem selbst das Leben schwer machen, möchte ich mich lieber der Sanftmut verschreiben. Dieses altmodisch klingende Wort lässt sich auf das germanische *samftja* zurückführen (klingt schon weich und leicht und meint eigentlich so etwas wie „friedlich zusammensein").

Wenn ich ernsthaft überlege, merke ich, dass es oft die Zeit und die Erfahrung sind, die bewirken, dass ich bei aller Wut dann doch Verständnis aufbringen kann für den anderen, der vermutlich seine Gründe für das Verhalten hat, was mich so aufregt. Spätestens nach einmal drüber schlafen. Nach dem Reiz mindestens eine Nacht Zeit lassen bis zur Reaktion. „In dubio pro reo" – Im Zweifel für den Angeklagten, in dem Fall mein Gegenüber: die Menschen, die die Fahrbahnverengung aufgebaut haben; der Fahrer vor mir, der so langsam fährt; die Nachbarin, die Eltern, der Partner etc. ... Da wir nicht wissen, was bei den anderen los ist, im Zweifel lieber freundlich und liebevoll sein. Das sorgt nicht nur bei uns selbst, sondern auch bei den Mitmenschen für ein schöneres Schwerelosigkeitsgefühl.

Zum Andenken:

Ganz ehrlich:
Warum hältst du an
deinem Ärger fest?
Wäre es nicht erleichternd,
ihn loszulassen?

Zeitverschwendungs-Abwehrkraft: Endlichkeitsbewusstsein

Lehre uns bedenken,
dass wir sterben müssen, auf dass wir klug werden.
Psalm 90,12, Die Bibel

Von allen mutmaßlichen Inzidenzen und mehr oder weniger präzise erhobenen Statistiken der letzten Jahre ist diese hier relativ vertrauenswürdig: 100 % der Menschen werden sterben.

Bedenken, dass man sterben muss – wodurch man klug wird –, erhöht die Lebensqualität. Egal, ob man glaubt, dass es nach dem Tod weitergeht oder nicht. Es relativiert vieles bis alles. Wenn unser Leben unendlich wäre, hätte nichts wirkliche Dringlichkeit. Die Tatsache, dass wir irgendwann sterben werden, verleiht unserem Leben einen viel größeren Wert, weil es nur einmal stattfindet und zeitlich begrenzt ist. Es gibt ein „zu spät".

Die Australierin Bronnie Ware hat Sterbende begleitet und ihnen genau zugehört. In ihrem Buch schildert sie „5 Dinge, die Sterbende bereuen"[13]:

1. Ich wünschte, ich hätte den Mut gehabt, mein eigenes Leben zu leben
2. Ich wünschte, ich hätte nicht so viel gearbeitet
3. Ich wünschte, ich hätte den Mut gehabt, meine Gefühle auszudrücken
4. Ich wünschte, ich hätte den Kontakt zu meinen Freunden aufrechterhalten
5. Ich wünschte, ich hätte mir erlaubt, glücklicher zu sein

Der menschliche Körper besteht aus Fett (genug für 7 Stücke Seife), Salzen, einer Dose Zucker und etwa 45 Litern Wasser. Das kann man alles zusammen im Supermarkt für unter 21,50 Euro kaufen. Es sind also nicht die kurzzeitig lebendigen Bestandteile, die einen Menschen wirklich wertvoll machen.

Man sagt ja immer, alles hat ein Ende, nur die Wurst hat zwei. Aber wenn man die Wurst genauer ansieht, kommen wir dann nicht zu der entscheidenden Erkenntnis, dass auch die Wurst einen Anfang und ein Ende hat? Oder gar zwei Anfänge? Und was bedeutet das für unser Leben?

Vermutlich nichts.

Weiter im Text.

Vielleicht ist das die wichtigste Unterscheidung: Sieht man den Tod als Grenze oder als ultimatives Ende? Die größte Schwere hat der Tod, wenn man davon ausgeht, dass er ein Ende ist und nicht ein Anfang.

Wie kann man diese Schwere loswerden?

Mir hilft da die Überzeugung, dass dieses Leben nicht alles ist. Die Aussicht auf den Himmel verändert meine ganze Sicht auf das irdische Leben – weil es nicht alles ist, was ich zu erwarten habe, ist es auch nicht der Weltuntergang, wenn es meinen Erwartungen nicht entspricht. Da ich überzeugt davon bin, dass das Beste erst noch kommt, muss ich nicht krampfhaft versuchen, es möglichst vollzupacken oder zu verlängern.

Ich freue mich also auf den Himmel. Aber bis dahin schaue ich mal, was noch alles zu erleben ist. Und gerade weil ich das für eine so wichtige, für mich universell gültige Lebenseinstellung halte, nehme ich meine Himmels-Hoffnung am liebsten mit in die Gegenwart und versuche, im Hier und Jetzt schon mal um mich herum ein Stückchen Himmel auf Erden zu feiern.

#partyhard

Zum Bedenken:

Wofür lohnt es sich zu leben?
Wofür lohnt es sich zu sterben?
Ist die Welt ein besserer Ort, weil du da warst?
Bist du der Mensch, der du sein willst?
Was hinterlässt du?

18

Kategorie B:

Was gibt den nötigen Auftrieb?
Was stärkt die Be-Lastbarkeit?

Antriebslosigkeits-Abwehrkraft: Sinn

Du kannst kein erfülltes Leben haben, wenn du nicht fragst, was sich durch dich erfüllen soll.

Martin Schleske

„Wer ein Warum zu leben hat, erträgt fast jedes Wie", sagte schon der nette Nietzsche

Viktor Frankl, der berühmte Psychotherapeut, hat dieses Zitat über seine gesamte Arbeit gestellt. Um Schweres zu tragen, braucht jeder Mensch einen Sinn in seinem Dasein, davon war Frankl überzeugt. Und er sah die Aufgabe der Psychotherapie vor allem darin, Menschen dabei zu helfen, diesen Sinn für sich zu finden (Hinweis: Wer darin eine logische Herangehensweise sieht, mit seiner Schwere umzugehen, suche nach „Logotherapie").

Für Patienten, die nach einem Schicksalsschlag Schwierigkeiten hatten, noch einen Sinn in ihrem Leben zu sehen, hatte er einen ziemlich schonungslosen, aber hilfreichen Ansatz: Als einer seiner Patienten durch einen Unfall ein Bein verloren hatte und mit der Sinnfrage haderte, fragte Frankl ihn, ob er denn wirklich glaube, dass der Sinn des Lebens darin bestehe, möglichst gut gehen zu können. Und ob er glaube, dass das menschliche Leben so arm an Möglichkeiten sei, dass es durch den Verlust eines Beins oder einer Fähigkeit sinnlos werden könnte. Wenn er sich diesen Fragen wirklich stelle, so Frankl trocken, könne derjenige nicht mehr so verzweifeln, wie er zu müssen glaubte.

Sinn ist das Feuer unterm Ballon, der Antrieb für alles.

Seinen individuellen Sinn, seine besondere Aufgabe im Leben muss jeder Mensch selbst finden. Manchmal dauert die Suche eine Weile, und manchmal hat man das Gefühl, die Orientierung verloren zu haben oder festzustecken.

Mir hilft dann der Gedanke an die Metamorphose einer Raupe zum Schmetterling: In der Raupe ist schon der Schmetterling angelegt. Doch um ihr Wesen zu verwandeln, muss die Raupe erst mal eine Weile in völliger Bewegungslosigkeit und Dunkelheit verharren, fast, als wäre sie tot. Der Reifungsprozess, der im Verborgenen vor sich geht, dauert seine Zeit, und man könnte von außen meinen, es passiert überhaupt nichts.

In Wirklichkeit ist es die totale Verwandlung. Man darf nicht von außen eingreifen und dem Schmetterling beim Schlüpfen „helfen", obwohl es für ihn unsagbar schwer ist, sich aus dem Kokon herauszukämpfen. Den Anblick dieser Mühsal kann man nur schwer ertragen. Hilft man dem Schmetterling aber, bleiben die Flügel verklebt und der Schmetterling wird niemals fliegen. Doch durch die Kombination aus Dunkelheit, Geduld und der Anstrengung beim Schlüpfen entfalten sich die Flügel prächtig und der Schmetterling fliegt.

Zum Um-die-Ecke-Denken:
Statt ständig zu fragen:
Was kann das Leben mir noch bieten? – umdrehen:
Was habe ich dem Leben zu bieten? Was habe ich für einen Sinn?

Innerer-Schweinehund-Abwehrkraft: Disziplin

Disziplin, oder von mir aus auch Selbstbeherrschung, wem das besser gefällt, ist ein wichtiges „Innererschweinehundüberwindungspotenzial" und hilft beim Kraftaufbau. Und ohne sie geht nicht so viel. Das fängt früh an – schon Laufenlernen erfordert Disziplin. Ein Kind fällt dabei hundertmal hin und tut sich auch oft weh. Deshalb denkt es aber nicht: „Okay, Laufen ist wohl einfach nicht so mein Ding, ich lasse das lieber." Es macht einfach so lange weiter, bis es klappt. Die Motivation von innen scheint also ziemlich gut intakt zu sein und erst unterwegs verloren zu gehen.

Die schlechte Nachricht ist:

Zur Disziplin gibt es keine mir bekannte Abkürzung. Man muss sie lernen, und das geht nicht ohne Anstrengung und Wiederholung.

Die gute Nachricht:

Man *kann* sie lernen. Und wenn man sie erst mal verinnerlicht hat, hält das fürs ganze Leben und macht es einem in vielen Bereichen leichter.

Wir erinnern uns: Trainierten Muskeln kommt Schweres leicht vor. Mühelos ist nur das, in was man vorher viel Mühe investiert hat.

1 Jeder Körper hat eine Masse, und aufgrund der Gravitation ergibt sich eine Gewichtskraft, die in der folgenden Formel ihren Ausdruck findet: FG = m * g (Gewichtskraft = Masse * Erdgravitation). E = m*g*h beschreibt die potenzielle Energie, die aufgewendet werden muss, um einen Körper zu bewegen. Je schwerer der Schweinehund, desto größer muss die Kraft sein, um ihn zu überwinden.

Auch wir unterliegen dem 1. Newtonschen Gesetz, sind also träge Massen, die sich immer wieder neu überwinden müssen.

2 Nehmen wir an, wir kämpfen/schieben gegen einen Schweinehund, dann müssen wir also seinen Widerstand überwinden. Wenn wir das geschafft haben, ist der Widerstand zwar nicht verschwunden, sondern er wirkt uns zum Beispiel in Form von Reibung entgegen. Aber wir kommen voran. Die Last bleibt auch, nachdem wir ihr widerstanden haben, jedoch ist sie jetzt erträglich. Wer widersteht, hat den Widerstand überwunden. Was leider nicht heißt, dass er nicht mehr an uns reiben wird.

Zum Selberdenken: Wo fehlt es dir an Disziplin? Was ist deine Ausrede?

Einsamkeits-Abwehrkraft: Dienen

Wie schon gesagt, brauchen wir einander. Ohne andere Menschen können wir gar nicht leben. Mit anderen Lasten zu teilen, schafft Erleichterung und hilft, die eigene Schwere zumindest temporär zu verlieren. Jetzt drehen wir wie angedroht den Spieß mal um, weg von der Frage „Wie können mir andere Menschen helfen?" zu „Wie kann ich anderen helfen – und was habe ich davon?"

In Gesprächen mit Menschen, die es schwer haben, höre ich oft Aussagen wie: „Ich muss mich jetzt erst mal um mich selbst kümmern, bevor ich mich um andere kümmern kann." Und auch mir gibt man oft den gut gemeinten Tipp: „Achte mal mehr auf dich …" Oder, noch schwieriger und verheerender für unsere Welt und unser Miteinander: „Umgib dich nur mit Menschen, die dir Energie spenden, und nicht mit solchen, die dir Energie rauben."

Meiner Meinung nach führen solche Sätze in die egozentrische Katastrophe, in der wir leben. Klar, die biblische Aufforderung „Liebe deinen Nächsten wie dich selbst" kann man gut und gerne so deuten: „Ich muss an erster Stelle mal mich selbst lieben, sonst kann ich den Nächsten nicht lieben." Und da ist natürlich was dran. Aber erstens ist man mit dem

Selbstliebe-Prozess Zeit seines Lebens nie ganz fertig und zweitens wird diese Handlungsaufforderung oft allzu wörtlich verstanden. Die Menschen lieben ihren Nächsten wie sich selbst – nämlich nicht. Ich behaupte, dass sich selbst lieben und andere Menschen lieben nebeneinander koexistieren kann und sogar muss.

**Wenn man sich um sich selbst dreht,
kommt man nicht voran.**

Gemeinsam ist alles besser. Wenn tatsächlich alle Menschen aufhören würden, sich um sich selbst zu drehen, und stattdessen nur noch darauf achten, dass es den anderen gut geht, hätten wir den Himmel auf Erden. Dann wäre jeder rein mathematisch gleich um ein Vielfaches besser versorgt.

Genau wie man auf jedem Niveau klagen kann, kann man auch auf jedem Niveau glücklich sein – und auf jedem Niveau helfen! Ich bin mir ziemlich sicher, dass jeder Mensch etwas zu bieten hat, und oftmals mehr, als man glaubt, auch wenn man's noch nicht sehen kann. Deshalb werde ich jetzt mal untypisch appellativ: Helft wo ihr könnt – verschließt eure Augen nicht vor dem Unglück eurer Mitmenschen. Gerade jetzt, wo es für alle schwerer und schwerer wird, rate ich dazu, antizyklisch zu investieren. Selbst wenn du denkst: „Es ist alles so unsicher, ich muss jetzt auf mich schauen" – dann erst recht anderen helfen, auch wenn's unlogisch scheint.

Meine kleine lustige Mama ist ein gutes Beispiel. Sie hatte eigentlich weder Mittel noch Zeit übrig, als der Krieg in der Ukraine ausbrach. Zu dem Zeitpunkt konnten wir uns nicht mal Ersatz für die kaputte Waschmaschine leisten. Doch dann hat sie in einem Facetime-Call von der Not gehandicapter Menschen im Kriegsgebiet erfahren – und einfach losgelegt. Über die Wochen hat sie immer wieder behinderte Kinder und deren Eltern aus der Ukraine gerettet und „nebenbei" ein Zuhause für über 100 Leute aus dem Boden gestampft, um deren Bedürfnisse und Nöte sie sich auch heute noch Tag und Nacht kümmert. Das erste Baby, das nach der Flucht in unserer Unterkunft geboren wurde, erhielt als Zeichen des Danks und der Wertschätzung als Zweitnamen den Namen meiner Mutter, Marion.

Es gibt so unendlich viel zu tun auf dieser Welt, es gibt für jeden tausend Möglichkeiten, sich einzubringen, anderen zu helfen und die Welt ein bisschen besser zu machen. Alles ist besser, als nichts zu tun. Und für mich ist anderen Menschen zu helfen das beflügelndste Gefühl von allen. Und damit eine Abwehrkraft nicht nur gegen Egoismus, Wut und Hass, Depression oder Einsamkeit, sondern auch ein Booster für mehr Freude, Erfüllung und Frieden in der Welt.

Es sind die Begegnungen mit Menschen,
die das Leben lebenswert machen.
Guy de Maupassant

Zum Bedenken:
Wie viel Zeit und Energie möchtest du diese Woche in andere Menschen investieren?

Kapitulations-Abwehrkraft: Langmut

Langmut ist laut Lexikon eine „durch ruhiges, beherrschtes, nachsichtiges Ertragen oder Abwarten gekennzeichnete Verhaltensweise". Also die innere Haltung, suboptimale Dinge auch einfach mal auszuhalten. Und damit vielleicht der Inbegriff der seelischen Ausdauermuskulatur.

Wir bringen selten den Mut auf, lange und langsam an Veränderungen zu arbeiten, auf diese Weise Probleme zu lösen oder schwere Lebenslagen ohne Klagen auszuhalten. Dieser „lange Mut" verlangt zum einen innere Kraft, das Vertrauen auf sich selbst, zum anderen die Kraft der Hoffnung, dass man ein **Vorhaben** realisiert und dass man aus einer schwierigen Situation gestärkt herausgehen kann. Der einzige Weg, um mit Schmerzen klarzukommen, ist eben manchmal, sie zu ertragen. Solange es wehtut, lebts.

Ausdauer, Beharrlichkeit, Geduld, das sind alles keine spektakulären Eigenschaften, man sieht sie oft nicht, aber sie stabilisieren und schützen uns von innen – eben Tiefenmuskulatur. Und lebenswichtiger als ein Erfolgsbizeps.

Zum Vordenken:

Wo brauchst du „langen Mut"? In welcher Situation könntest du wider alle Logik trotzdem ein Lieblingslied singen?

Verbitterungs-Abwehrkraft: Beweglichkeit

Wir alle kennen doch diese Menschen, die starrsinnig oder gar verbittert an ihren Meinungen, Vorstellungen oder Gewohnheiten festhalten. Die zu verändern ist schwer – aber wir könnten mit gutem Beispiel voranleben.

Als Kunstturner wurde ich 17 Jahre lang auf „die perfekte Bewegung" konditioniert. In einer Wettkampfübung steht der Körper von Anfang bis Ende unter maximaler Spannung. Etliche Gesetze der Biomechanik geben die optimale Form vor. Später an der Schauspielschule verzweifelten meine Dozenten teilweise an dieser verfestigten Form. Manche fragten sich, ob es überhaupt noch möglich sei, diesen Körper (und diesen Menschen) für die notwendige Ausbildung zu „brechen". Einiges Rumschrauben, Kontaktimprovisationstanzstunden sowie eine bunte Mischung aus Pilates, Ballett, Capoeira, Yoga, Zumba, Rumba und natürlich etliche wilde Schauspielpartys später gelang es dann doch. Eine ganz neue Form der Leichtigkeit und Schwerelosigkeit durchdrang mein jahrzehntelang herangezüchtetes Stahlgerüst: „Ah, Bewegung kann so viel mehr sein! Es gibt nicht nur drei strikte Achsen, sondern auch unzählige Nuancen zwischen Spannung und Entspannung! Die Wirbelsäule kann auch mal so und der Arm auch mal so." Eine Offenbarung für Körper und Geist. Eine befreiende Entdeckung ganz neuer Möglichkeiten.

Und auch hier mutmaße ich eine Übertragungsmöglichkeit vom Körper auf den Geist. „Stets ein Anfänger bleiben wollen" sollte man sich für vieles bewahren. Wenn man nicht alles schon zu wissen glaubt, bleibt man formbar, kann sich hinterfragen und verändern – birgt allerdings das Risiko, aber auch das Abenteuer, dass man nicht weiß, wohin die Reise geht. Der alte Spagat zwischen Vertrauen und Sicherheit. Wie heißt es so schön: Nur ein fahrendes Schiff, beziehungsweise einen fliegenden Ballon, kann Gott lenken.

Diese innere Elastizität ist wichtig für das (Er-)Tragen von schweren Zeiten. Denn was biegsam ist, bricht nicht so leicht.

Zum Umdenken:

Wo könntest du heute einfach mal nicht recht haben? Welche altgewohnte Sache könntest machen, als wäre es das erste Mal? Was könntest du komplett neu lernen?

Ohnmachts-Zweifel-Abwehrkraft: Erfahrungen

Früher wusste ich: Egal, wie blöd der Tag auch gelaufen ist, spätestens am Abend auf dem Trampolin hüpfe ich allen Sorgen davon. Das war leicht zu reproduzieren. Jetzt ist so was ein bisschen umständlicher geworden. Es gibt Momente, in denen ich alleine irgendwo rumliege, weil meine zweitbeste Freundin, die gute Siri, sich mal wieder taub stellt und deshalb niemand zu Hilfe kommt. Dann wird mir einmal mehr spürbar bewusst, wie nutzlos ich bin. Ich lache, um nicht weinen zu müssen, auch, weil ich feststelle, dass mit mir wirklich nichts anzufangen ist.

Dann hilft mir bereits Erlebtes, mich selbst daran zu erinnern: Doch, mit mir ist schon was anzufangen. Ich kann eine Afrika-Safari-Testperson sein, Natur und Kultur kennenlernen, mich durch einen Windkanal schießen lassen, beim Paragliden Leichtigkeit und Verbundenheit mit den Elementen erleben, mit Vollgas mit dem Snowdoo auf den Gletschern der Alpenkette rumheizen, die ESA und NASA dabei unterstützen, gehandicapten Kindern den Traum der Schwerelosigkeit zu erfüllen. Lauter Himmel-auf-Erden-Momente.

Auch weniger spektakulären Quatsch empfinde ich als nicht minder schön – **berufliche Höhepunkte, kreative Prozesse, bei denen man sich positiv in Rage fantasiert, Gespräche, bei denen der Funke überspringt, Lachkrämpfe und peinliche Fettnapfpannen, mit Schulfreunden von alten Zeiten schwärmen, warmherzige Begegnungen auf einer Wellenlänge, stundenlange Facetime-Tier-Avatar-Spiele mit Nichten und Neffen und und und.** Gerade bei übertrieben ekligen Schmerzattacken hat man leicht den Eindruck, dass sich die Welt gefühlt nur noch um den Schmerz dreht. Ich versuche dann fast schon trotzig, meine Gedanken dankbar auf Vergangenheit und Zukunft zu richten. Zum Beispiel das wohlige Gefühl in der Sauna neulich oder die Aussicht darauf, wie der Schmerz später in einem heißen Bad schmilzt.

Solche Erinnerungen, oder vielleicht eher Erfahrungen, sind für mich viel mehr als nur eine Art verstaubtes Erlebnismuseum. Sie stärken mein Vertrauen: „Ich kann wieder schöne Erlebnisse haben. Mich von einer unangenehmen Situation in die nächste angenehme retten. Ich hab' das schon hundertmal erlebt. Ich vertraue darauf, dass sich meine gute Hoffnung erfüllt, auch wenn ich es gerade nicht sehen kann."

Deshalb suche ich mir auch proaktiv Momente in der Zukunft, auf die ich mich freuen kann. Die Aussicht auf eine Freude kann lebensrettend oder zumindest lebenserhaltend sein.

Ich bin verhältnismäßig oft in Reha-Einrichtungen und Krankenhäusern. Vor einiger Zeit saß ich bei Nathan am Krankenbett. Nach einem Doppelsalto auf dem Gartentrampolin ist auch er vom Hals abwärts gelähmt. Erst viel zu wenige 16 Jahre jung. Trotz seines Luftröhrenschnitts verständlich flüsterte er mir zu, dass er sich so eine Zukunft nicht vorstellen kann und will. Ich meinte zu ihm: „Ich bin zwar nicht gut im Wetten, aber wetten, dass du so lange durchhältst, bis du hier raus bist und wir zum Beispiel mal gemeinsam Paragliden gehen?" Wohl wissend, dass er für solche schnöde luftikose Unterhaltung empfänglich ist. Er willigte ein, dass er mir zumindest Bescheid gibt, wenn er nicht mehr kann. Wenn wir heute facetimen, bin ich froh, nicht nur ihn sehr lebendig, sondern auch seine sehr hübsche Freundin turtelnd neben ihm zu sehen. Er erklärt mir die neuesten IT-Gadgets, schickt mir anschließend anschaulich grafisch aufbereitete Erklärvideos und ist ein Genie in den Fächern, die ihm Freude bereiten.

Paragliden waren wir
noch immer nicht.
Und brauchen wir auch nicht.

Zum Nach- und Vordenken:
Bei welcher Erinnerung wird dir ganz selbstwirksam warm ums Herz? Welches Ereignis in der Zukunft könnte dich durchs nächste Tal tragen?

Angst & Sorgen-Abwehrkraft: Glaube, Zuversicht, Hoffnung

Wer kann sein Leben verlängern, indem er sich Sorgen macht?
Frei nach Matthäus 6,27, Die Bibel

Angst und Sorgen sind wohl die verbreitetsten „Schwergewichte", die uns runterdrücken und belasten. Dabei ändert man überhaupt nichts, indem man sich Sorgen macht. Und 99% der Dinge, über die man sich Sorgen gemacht hat, treffen nie ein.

Irgendwie liegt das Fürchten und Sorgen wohl in unserer menschlichen Natur. Und es ist ja nicht so, dass Angst und Sorgen nicht auch ihre Berechtigung hätten und als Schutzfaktoren dienen können. Trotzdem dominieren sie unser Leben oft mehr, als uns lieb ist, und vor allem mehr als nötig. Deshalb: Unabhängig davon, ob es berechtigte oder unberechtigte Sorgen und Ängste sind, ist es ((über)lebens)wichtig, ihnen etwas entgegenzusetzen.

Nach meinem Unfall habe ich zu meiner eigenen Überraschung die Erfahrung gemacht, dass es immer doch noch eine Möglichkeit gibt, an die man nicht gedacht hat, und dass das Leben weiter geht, als man denkt. Auch wenn ich das zuerst nicht für möglich gehalten habe. Aber Glauben ist eine Steigerung des Fürmöglichhaltens. Und mit dieser Erfahrung aus der wohl bisher ekligsten Zeit meines Lebens im Gepäck fühle ich mich gerüstet für alles, was noch kommt.

Für mich ist deshalb die größte Sorgen-Abwehrkraft mein Glaube. Oder mit anderen Worten: meine Zuversicht und Hoffnung. Und die beinhalten weitaus mehr als nur ein paar rosige Gedanken, mit denen ich mich irgendwie pseudo-tschakka-optimistisch über eine Misere rette. Glaube und Hoffnung sind aktiv – im Grunde eine existenzielle Trotzreaktion.

Die von mir favorisierte Glaubensrichtung hat noch etwas Verblüffendes zu sagen: „Wenn der Geist Gottes unser Leben beherrscht, wird er ganz andere Frucht in uns wachsen lassen: Liebe, Freude, Frieden, Geduld, Freundlichkeit, Güte, Treue, Sanftmut und Selbstbeherrschung." (Galater 5,22).

Allesamt ultimative Schwere-Abwehrkräfte, verpackt in nur einem Vers, der sie sogar als Früchte bezeichnet. Und die wachsen, anders als Geld, tatsächlich an Bäumen. Wir müssen sie nur pflücken. Es sind gar nicht (nur) wir selbst, die mit unseren Bemühungen die wichtigsten Eigenschaften aus uns herauspressen müssen, um uns gegen ein schweres Leben zu stärken, wie es uns Selbstoptimierungs-Ratgeber hoffnungsloserweise nahelegen. Es ist die Anwesenheit Gottes in unserem Leben und unserem Herzen, die diese Früchte hervorbringt.

Ich finde es unheimlich erleichternd, dass nicht alles von meinen eigenen Bemühungen abhängt und ich es nicht aus eigener Kraft meistern muss. Ja, ich habe die Freiheit und auch die Verantwortung, mein Leben selbst zu gestalten, doch ich muss es nicht allein schaffen.

Wenn ich mich entscheiden müsste zwischen Hoffen und Nicht-Hoffen, ist es ganz einfach: Die logische Konsequenz ist, zu hoffen, denn damit lebt es sich viel leichter.

Schmeißt eure Sorgen und Probleme auf Gott, er wird sich schon darum kümmern.
1 Petrus 5,7, Die Volxbibel

Und schon wieder ein Bibelzitat … Spätestens in diesem Kapitel muss ich einmal erklären, warum hier so oft die Bibel rezitiert wird. Zwei ganz einfache Gründe: Erstens logisch, kulturelle und zweitens persönlich thematisch sehr passende. Unabhängig davon, ob man glaubt, die Bibel für wahr hält oder nicht, sie ist der einflussreichste und bedeutendste Text der Literaturgeschichte.

Unsere gesamte (westliche) Kultur und Gesellschaft ist von ihr geprägt und inspiriert. Die allermeisten meiner Theatertexte, ob Goethe, Shakespeare, Beckett und Co., könnte ich nicht durchdringen und in Gänze verstehen ohne die Bibel. Unsere Verfassung, das Grundgesetz und damit auch die Demokratie basiert auf ihren Werten. Das am seidenen Faden hängende Gesundheitswesen kann nur noch getragen werden durch eine im Kern biblische Institution, die Kirche. Malerei, Bildhauerei oder Architektur beinhalten immer wieder biblische Inschriften. Weshalb es wichtig ist, wie ich finde, die Wurzeln der Welt, in der wir leben, zu verstehen.

Thematisch könnte es hier bei den Kräften gegen Ängste und Sorgen kaum besser passen. Kaum etwas wiederholt die Bibel so häufig wie die Handlungsanweisung, keine Angst zu haben, und wie wir mit Sorgen umgehen können. Aus gutem Grund. Schon die Autoren der Bibel wussten: Nichts hindert uns mehr als die eigene Angst.

Und ganz persönlich ist für mich eines der am schwersten zu ertragenden Dinge – ob im Kleinen oder Großen –: Ungerechtigkeit. Ich muss leider zugeben, dass ich aus irgendeinem Grund das Vertrauen darauf, dass schon immer alles gut geht und der liebe Gott uns davor beschützt, dass nichts passiert, verloren habe. In meinem Fall selbst schuld. Aber allein der Gedanke daran, dass wieder und wieder und wieder jemand Unschuldiges ungerechtfertigt in Gegenwart und Zukunft leiden muss, umsorgt mich extrem.

Sodass ich manchmal beinahe trostlos denke: Aus menschlicher Sicht ist Gerechtigkeit eine Utopie. Wenn mich ein Polizist anhält und ein Bußgeld verhängt, weil ich mit dem Motorroller zu schnell gefahren bin, ist das gerecht. Wenn er sagt: „Ach, Sie sind doch der Turner, ich kenne Sie aus der Zeitung, fahren Sie mal schön weiter" und kein Bußgeld verhängt, dann wäre das sehr gnädig, aber ungerecht.

Und was kann nicht mal der „allmächtige" Gott der Bibel? Gnädig und gerecht in einer Person sein. Wie tröstlich dann doch, dass er das erkannt hat.

Gerechtigkeit und Gnade funktionieren nur, wenn eine dritte Instanz hinzukommt und sagt: „Ich bezahle dein Bußgeld".

Und deshalb feiere ich die Bibel so. (Und auch Jesus, der immer sofort auf der Seite aller ungerecht Behandelten stand, jede erdenkliche Minderheit wirklich gesehen hat.) Und weil das, was Jesus Christus da getan und losgetreten hat, (die mit Recht größte Bewegung der Menschheitsgeschichte) das Christentum, sich elementar von allen Religionen und spirituellen Wegen unterscheidet. In meinem Verständnis von Religion ist das Christentum damit überhaupt keine Religion, weil „re-ligere", also „zurück-verbinden", den größenwahnsinnigen Versuch der Menschen beschreibt, sich zu Gott, Allah oder einem höheren Selbst zurückzuverbinden. Wir können uns sowieso nie genug anstrengen, um zu Gott zu kommen. Und deshalb feiern wir Weihnachten, weil er zu uns kommt. Mitten in der (Kuh-) Scheiße, verfolgt und arm. Und dann feiern wir auch Ostern, weil er ganz genau weiß, was Leid ist. Und wegen der Sache mit dem Bußgeld und dem Motorroller.

Ich befürchte, das kann man nur schwer gänzlich rational erfassen… nur erfahren. Und dazu braucht es offene Augen, offene Ohren und vor allem offene Herzen. Das wünsche ich allen, die es bis hierher geschafft haben, sehr (und allen anderen genauso).

Zum Selberdenken: Worauf hoffst du?

Was sagt der Ethiker?

Thorsten Moos, Professor für Systematische Theologie (Ethik)

Was ist die größte Herausforderung der Menschen in dieser Zeit und nach welcher Maxime wäre es sinnvoll zu handeln?
Puh. Der Klimawandel, der Krieg, die sich weiter öffnende soziale Schere, die Krise der Demokratie, die Pandemie; an Großkrisen fehlt es wirklich nicht. Und dann ist da noch der ganze Rest. Es ist ja nicht leichter geworden, Beziehungen zu leben, Kinder großzuziehen, Zu-, Un- und Wechselfälle zu ertragen, die Ferne Gottes auszuhalten, dem eigenen Verein in die dritte Liga zu folgen, an den Gräbern Geliebter zu stehen, Lebensentscheidungen zu fällen und durchzuhalten.

Ich glaube, dass vielen dieser Herausforderungen eine zugrunde liegt: die zu vertrauen. Vertrauen ist die Voraussetzung dafür, überhaupt handeln zu können – und dafür, das Handeln auch mal sein lassen zu können. Ohne Vertrauen kann niemand ein Leben führen. Das Problem ist, dass Vertrauen derzeit an so vielen Stellen gleichzeitig brüchig wird.

Das fordert starke Subjekte, die etwas kontrollieren oder kitten: das Thema aller Superhelden-Filme. Wir sind aber keine Superhelden. Nichts beschwert so wie der Verlust von Vertrauen. Und nichts macht so leichtherzig wie tiefes, echtes Vertrauen.

Deshalb: Handle so, dass Vertrauen möglich ist. Zeige dich behaftbar. Arbeite an der Verlässlichkeit von Institutionen. Liebe beständig. Kündige nicht zu schnell. Zettele nur vertrauenswürde Revolutionen an. Und die umgekehrte Maxime: Vertraue, dass du handeln kannst – und es nicht immer musst. Vertrauen ist kein Ergebnis von rationalen Bewährungstests, sondern immer ein unvorgreiflicher Vorschuss, den ich den anderen, der Welt und auch mir selbst entgegenbringe. Das lässt sich nicht erzeugen oder erzwingen; nur nicht verhindern. Vertrauen hat keine Gründe, aber einen Grund. Daraus die letzte Maxime: Sieh zu, dass du deine Bereitschaft zu vertrauen nicht zerstörst. Bleib in Kontakt zum Grund deines Vertrauens.

19

Die Nicht-Meditation

So, liebe Leute. Jetzt versuchen wir mal was Abgefahrenes.

Alle, die mich kennen, wissen, dass ich mit Sicherheit kein Eso-Chichi-Haarestreichel-Typ bin, im Gegenteil: Wenn mich jemand fragt, ob ich an diesem oder jenem Amulett lecken oder riechen will, ist meine Antwort meistens: „Nein, danke; ich bin ‚aber gläubig'."

Nach einem Schulpraktikum im Ernst-Mach-Institut für Kurzzeitdynamik war ich fest davon überzeugt, einmal Physik zu studieren. Schon immer war ich Fan von Naturwissenschaften. Auf meinem naturwissenschaftlichen Kant-Gymnasium tat ich mich recht schwer mit Immanuel Kant. Heute kann ich seine „Metaphysik der Sitten" nur jedem empfehlen (dem das Leben gerade zu leichtfällt).

Metaphysik besteht aus *meta:* „danach", „hinter", „jenseits", und *phýsis:* „Natur", „natürliche Beschaffenheit". Also in etwa „hinter der Natur". Darum soll es im Folgenden auch gehen – was hinter der Physis, der natürlichen Beschaffenheit, stehen könnte.

Hinweis:

In diesem Abschnitt des Buches ist eine kleine Wahrnehmungsübung enthalten, bei der es hilfreich sein könnte, zur besseren Konzentration einen unserer Sinne zu deaktivieren – also die Augen zu schließen. Da es mit geschlossenen Augen etwas herausfordernd sein könnte, weiterzulesen, habe ich die nun kommenden Zeilen eingesprochen. Sie sind ganz einfach mit diesem QR-Code anzuhören. Viel Freude und bis gleich.

Die Welt und die Medien geben uns oft schlechte Nachrichten, hässliche Bilder und immer öfter auch Falschmeldungen. Als Gegenentwurf zu dem, was uns an Schlechtem, Hässlichem und Falschem gegeben wird, möchten wir einmal das Gute, Schöne und Wahre nehmen. Also keine Falsch-Gebung, sondern eine Wahr-Nehmung. Genauer gesagt gibt's jetzt nach kurzer Einführung eine Wahrnehmungsübung.

Wir haben nun viel in der Theorie gelesen und hoffentlich auch gelernt. Jetzt versuchen wir mal etwas von all dem ganz praktisch zu *spüren*. Zum einen die Schwerkraft, die mehr als hinlänglich behandelt wurde, und zum anderen die uns umgebende Luft.

Die Luft ist einfach da, das war sie schon lange, bevor wir waren. Sie ist ganz leicht, man kann sie nicht sehen. Sie wird in der Lunge umgewandelt und sorgt dann dafür, dass unser Herz schlägt und unser Gehirn funktioniert.

Wir denken meist nicht über unsere Atmung nach. Dabei ist sie das Herzstück unseres Lebens. Ohne Atem kein Leben. Wenn ein Baby geboren wird, was ist das Erste, das es tun muss? Den ersten Atemzug nehmen. Was tun wir, bevor wir sterben? Wir nehmen den letzten Atemzug. Also lasst uns mal nicht den Atem unterschätzen!

Der Durchschnittsmensch macht jeden Tag 26.000 Atemzüge und atmet 14.000 Liter Luft ein. In Ruhe machen wir 4 bis 6 Atemzüge pro Minute, aber die meisten von uns eher 16 bis 20. Wir sind gestresst und atmen flach mit der Brust und nicht tief in den Bauch hinein.

Lass uns das einmal ausprobieren. Wenn ich dich bitten dürfte, einmal tief durch die Nase einzuatmen ... und durch den Mund aus. Und nochmal tief und ruhig ein, bis der Bauch richtig dick ist. Und dann durch die locker aufgeblähten Backen wieder aus. Oder auch die Wangen. Je nach Bedarf. Und um jetzt unsere Sinne zu schärfen, versuchen wir einen davon zu deaktivieren - den Seh-Sinn. Also gerne mal drauf einlassen und die Augen schließen. Danke schön!

Entspannt und ruhig nach eigenem Rhythmus weiteratmen. Versuch mal zu spüren, wo du gerade sitzt. Wenn irgendwas unbequem ist, gern korrigieren, sodass du für ein paar Minuten einigermaßen bequem sitzen kannst. Der Körper ist ganz entspannt, aber nicht schlaff. (Also nur bedingt ein Beispiel an mir nehmen.)

Nimm jetzt mal wahr: Wo sind deine Füße, deine Knie, dein Hintern? Welche Flächen und Punkte am Körper haben Kontakt zum Stuhl oder zum Boden? Kannst du vielleicht sogar versuchen, die Wirbelsäule wahrzunehmen? Wie liegen deine Arme? Wieviel wiegt so ein Arm? Mit welcher Kraft zieht uns die Erde an?

Jetzt, in diesem Moment, sitzen wir auf der Erde. In ihrem Kern ein 6.000 Grad heißer Feuerball. Er trägt mit dazu bei, dass wir in unserem gesamten filigranen Sonnensystem existieren können. Alles ist perfekt aufeinander abgestimmt. Weil alles reibungslos funktioniert, sich anzieht und abstößt, kreist auch in diesem Moment die Erde um die Sonne, der Mond um die Erde, und *auch wir*, die wir hier sitzen, ziehen uns gegenseitig an (oder stoßen uns manchmal auch ab) und umkreisen einander.

Sollten wir später aufstehen und rausgehen, funktioniert das nur, weil die Erde uns anzieht. Und das passiert in jeder einzelnen Zelle unseres Körpers, in jedem Molekül, Proton und Atom. Wir fliegen nur deshalb nicht davon, weil wir von Kräften angezogen werden, die wir nicht sehen. Wir können es nur spüren.

Atme also nochmal tief ein ... und lass dich beim Ausatmen richtig schön von der Erde runterziehen. Wo immer du jetzt gerade mehr Druck spürst als an anderen Stellen: das ist der Schwerkraft zu verdanken.

Mithilfe der Schwerkraft können wir etwas von unserer Anspannung loslassen. Weil wir im Alltag versuchen, viel zu schultern, steckt auch im wahrsten Sinne des Wortes viel Spannung in den Schultern. Nimm dazu noch einmal ganz bewusst deine Schultern wahr. Vielleicht sind sie gerade verspannt und fühlen sich schwer an.

Atme tief ein und lass die Schulterblätter beim Ausatmen ganz entspannt nach hinten-unten fallen. Sollte dich dabei irgendein Gedanke ablenken, versuche ihn kurz wahrzunehmen und schiebe ihn dann erstmal zur Seite. Wenn es ein wichtiger Gedanke ist, kommt er später sowieso wieder.

Schick jetzt einmal deine Aufmerksamkeit zu deinem Gesicht. Fühlst du dort Anspannung? Gibt es gerade Sorgen, die auf deiner Stirn Falten werfen? Zieh die Augenbrauen einmal nach oben und entspann sie beim nächsten Ausatmen.

Lockere jetzt deinen Mund und lasse zwischen Ober- und Unterkiefer bewusst eine kleine Lücke. Deine Zunge darf sich jetzt ganz entspannt im Mundraum fallen lassen.

Dein ganzes Gesicht, dein Oberkörper, deine Arme, deine Beine, alles ist sicher verbunden und in Kontakt zum Boden und zur Erde, die dich trägt. Und lebendig gehalten werden wir von der Luft, die uns umgibt. Atme sie einmal ganz langsam und filigran durch die Nase ein. Kannst du spüren, wie die kühle, sauerstoffreiche Luft an deinen Nasenflügeln vorbeiströmt? Atme dann die erwärmte Luft wieder aus. Und noch einmal: Ein ... und wieder aus.

[ZEIT LASSEN]

Nimm jetzt einfach wahr, wie der Atem kommt und geht. Du musst gar nichts machen, nichts leisten. Versuche nicht ihn absichtlich zu vertiefen oder zu verändern. So, wie er ist, darf er sein. Das Faszinierende: **Es atmet sich von ganz allein.**

Einatmen, a u s a t m e n .

Und was immer du an schweren Gedanken aus der Vergangenheit mitbringst und was immer deine Sorgen für die Zukunft sind – versuche einmal, hier und jetzt zu sein. Wo würde es sich sonst zu leben lohnen außer in der Gegenwart? Nimm alle dämlichen Mistkackgedanken kurz wahr und lass sie beim nächsten kräftigen Ausatmen los.

Und vielleicht noch einmal: Einatmen, und beim Ausatmen: Schwere loslassen.

(Natürlich leichter gesagt als getan. Fällt's dir schwer, loszulassen? Versuch dran zu denken: Wenn du dein Schmerz-Thema bildlich in die Hand nimmst, kannst du es entweder mit der Handfläche nach unten gerichtet fallen lassen (und bei Bedarf drauftreten) oder aber die Handfläche nach oben Richtung Himmel öffnen und es fliegen lassen.)

Und weiter gehts: Wofür bist du dankbar? Was war dein letzter schöner Moment? Worauf freust du dich in der Zukunft?

Versuch beim nächsten tiefen Einatmen etwas Schönes, Freudiges oder Dankenswertes gedanklich aufzusaugen … Und falls noch Schwere da ist, wieder ausatmen. Und wieder Schönes einatmen!

Das kannst du jetzt so lange machen, wie du willst. Bis du hyperventilierst oder bis du abhebst. Du kannst mit geschlossenen Augen sitzenbleiben oder auch die Augen wieder aufmachen, ganz wie du möchtest.

Alles, was wir gerade über Schwerkraft und Atmung gelesen und gespürt haben, bewegt sich im Bereich der Physik, des Körperlichen. Aber was wäre, wenn nicht nur alles physisch Sichtbare um uns herum in extrem filigran aufeinander abgestimmten, geordneten Bahnen verläuft, sondern auch das psychisch Unsichtbare in deinem und meinem Leben?

Sauerstoff können wir nicht sehen, aber spüren. Die Erdanziehungskraft können wir nicht sehen, aber spüren. Was wäre, wenn das auch für andere Bereiche im Leben gilt? Wenn die Gesetze der Physik auch für die Metaphysik gelten? Also das, was über die natürlich sichtbare Beschaffenheit hinausweist.

Stress, Depressionen, Euphorie – alles Kräfte, die man meist nicht sehen kann, aber umso mehr spüren. Was, wenn es auch eine Kraft gibt, die den Geist trägt und am Leben hält? Die man nicht sieht und die dennoch dafür sorgt, dass man ver*sorgt* ist? Und dass man sich wie beim Rausgehen nachher drauf verlassen kann, dass sie einen in der Bahn hält und einem die unerträgliche Schwere nehmen kann?

20

Meister der Unbeschwertheit...

oder: Der Mann mit dem Auto ohne Dach

Weil Kinder eine überbordende Lebenskraft haben, weil sie im Geiste wild und frei sind, wollen sie, dass sich die Dinge wiederholen. Sie sagen: „Mach's noch mal"; erwachsene Menschen sind nicht stark genug, um sich an der Monotonie zu erfreuen. Aber vielleicht ist Gott stark genug; vielleicht sagt er jeden Morgen zur Sonne: „Mach's noch mal", und jeden Abend zum Mond: „Mach's noch mal". Vielleicht erschafft Gott jedes Gänseblümchen einzeln und wird nicht müde, sie zu machen. Es kann sein, dass er den ewigen Appetit der Kindheit hat; denn wir haben gesündigt und sind alt geworden, und unser Vater ist jünger als wir.

G. K. Chesterton

So langsam befinde ich mich im babysitterfähigen Alter, und solange die Knirpse meiner Geschwister noch nichts dagegen haben, dass man sie an mir befestigt, funktioniert das auch ganz gut. Inzwischen wurde ich sogar schon auserkoren, das Kindergartenabholtaxi in Form meines Rollstuhls zu fahren, den die Kleinen noch als supercooles Motorrad wahrnehmen (die Kinder in Uganda sagten immer: „Da kommt der Mann mit dem Auto ohne Dach!").

Auf der nur 2 Kilometer kurzen Strecke vom Kindergarten nach Hause müssen wir ungefähr siebenmal anhalten: „Schau mal, Onkel Sammy, die Blume da!" „Pass auf, da ist ein Käfer!" „Und schau mal, die Blume da ist noch größer", „Oh, eine Pusteblume", und so weiter.

Erst staunte ich über die Fähigkeit des Kleinen zu staunen. Dann staunte ich über den Verlust meiner Fähigkeit, gestaunt zu haben. Und dann staunte ich darüber, dass mich der kleine Mensch zum Zukünftigwiedermehrstaunen inspiriert hat.

Kinder sind die Meister der Unbeschwertheit. Sie sind fähig, selbst mitten im Krieg selbstvergessen in einer dreckigen Pfütze zu spielen und herzlich miteinander zu lachen.

Mein lieber Freund Tom Lupo hat gemeinsam mit seiner Frau Yasemin „ArtHelps" gegründet. Mit Kunst vermitteln sie Freude und Hoffnung für Kinder in Krisengebieten. Wieso Kunst? Die Kinder dort brauchen doch praktische Hilfe, Decken, Essen, Unterkünfte. Aber Menschen leben eben nicht nur von Brot allein, sondern brauchen auch Nahrung für Geist und Seele: „Wir verschaffen den Kindern kreative Momente der Schwerelosigkeit. Kreativität bedeutet Freiheit. Die Freiheit, fernab von negativen Gefühlen und hoffnungslosen Lebenssituationen den Alltag für einen Moment zu verlassen, Neues zu entdecken und in andere Welten einzutauchen. Die Kinder bekommen eine neue Perspektive, weil sie merken, dass sie etwas erschaffen können. Wer spielt, ist ganz im Augenblick, verliert Raum und Zeit – und vor allem die Angst. Spielen setzt frei und macht unbeschwert."

Über die Jahre geht diese Unbeschwertheit meist mehr oder weniger verloren. Das Urvertrauen wird zu oft enttäuscht, man stumpft ab ... man denkt nicht mehr: „Oh, guck mal, die Blume!" Sondern es muss mindestens ein Blockbuster sein, der unsere Aufmerksamkeit fesselt.

Wie können wir die Beschwerungs-Abwärtsspirale aufhalten? Manche von uns sind ja nicht nur er-wachsen geworden, sondern ver-wachsen. All das, was wir uns seit der Kindheit an Schwere umgewickelt haben, gilt es vielleicht jetzt wieder zu ent-wickeln.

Jeder, der etwas länger mit Kindern zu tun hat, weiß natürlich, dass man sie nicht rosarot idealisieren kann. Sie können egoistisch, ungeduldig und gemein sein. An maßloser Kleckerei, Kackerei und Kakophonie sollte man sich kein Beispiel nehmen. Trotzdem sind sie in Sachen Leichtigkeit die besten Vorbilder.

In der Bibel steht: „Werdet wie die Kinder, denn ihnen gehört das Himmelreich."[14] Vielleicht ist es ja eine ganz einfache Gleichung:

Himmel = nicht mehr Erde
Nicht mehr Erde = keine Erdanziehung
Keine Erdanziehung = Schwerelos.
Mission completed!

Ich möchte mir ein Stück Kindlichkeit bewahren. Sensibler wahrnehmen, mit kindlicher Neugier weiter durchs Leben gehen, oder besser noch rennen, alles nicht so schwer nehmen, Quatsch machen wie ein Kind, gemeinsam komplett ausflippen und den Moment voll und ganz genießen.

Kinder wollen abends nicht ins Bett gehen, weil sie den Tag und das Leben und den Moment so lieben und nichts verpassen wollen. Der Tag soll am liebsten nie zu Ende gehen. Da möchte ich als alter Mann einmal hin. Mit 82 zu meiner Frau sagen: „Och Mann, ich will nicht ins Bett! Es gibt noch so viel zu entdecken, zu lernen, zu reden, zu lieben und zu leben!"

Trotz aller Schwere.

Zum Nichtdenken:
Wann hast du dich das letzte Mal im Hopserlauf fortbewegt?

Das Wissen um die alltägliche Wirkung
der Schwerkraft kann helfen, sich dieser Situation
auszusetzen, und sei es nur für eine Sekunde.

In dieser aber liegt dann die Chance,
dass einem eine andere Kraft zuteilwird.

Wir sind in unserem Wesen aufgefordert,
dieser anderen Kraft den Raum zu geben.
Und die Gelegenheit dazu haben wir immer.

Simone Weil

Vertiefungen

1 Johannes 12,25: „Wer an seinem Leben festhält, wird es verlieren. Wer aber sein Leben in dieser Welt loslässt, wird es für alle Ewigkeit gewinnen." (Hoffnung für alle Bibel)

2 Brian Cox visits the world's biggest vacuum / Human Universe – BBC – Youtube

The Power of Gravity / Wonders of Life w/ Prof Brian Cox / BBC Earth – Youtube

3 „Urlaub für alle" Unterwegs in Bayreuth – Youtube

4 Global Web Index, 2021

5 Hartmut Rosa, Resonanz. Eine Soziologie der Weltbeziehung ©Suhrkamp Verlag, 2016.

6 Augustinus, Bekenntnisse XIII, 9.

7 Zeit im Weltall lässt Gehirn vorübergehend schrumpfen – FOCUS Online

8 What happens to the Human Body in Space – Youtube

9 Bewegung für Unbewegte – Füße und Beine – Youtube

10 Calming effects of deep touch pressure in patients with autistic disorder, college students, and animals. – PsycNET (apa.org)

11 Munk,A.J.L.,Schmidt,N.M.,Alexander,N., Henkel, K., & Hennig, J. (2020). Covid-19-Beyond virology: Potentials for maintaining mental health during lockdown. PLoS One, 15(8), e0236688. doi: 10.1371/journal.pone.0236688

12 Johann Wolfgang von Goethe, Inschriften, Denk- und Sendeblätter 5, Der Prinzessin Maria von Sachsen-Weimar und Eisenach, Berliner Ausgabe. Poetische Werle (Band 1-16), Band 1, Berlin 1960, S. 719-720.

13 Bronnie Ware, 5 Dinge, die Sterbende am meisten bereuen. Einsichten, die Ihr Leben verändern werden, © arkana Verlag in der Penguin Random House Verlagsgruppe, 2013.

14 Matthäus 18,3

Richard Rohr, Der göttliche Tanz © adeo Verlag, Asslar, 2017.

Milan Kundera, Die unerträgliche Leichtigkeit des Seins © S. Fischer Verlag GmbH, Frankfurt am Main, 1991.

Pinchas Lapide, Mit einem Juden die Bibel lesen, Bd. 3 © LIT Verlag, Münster, 2011.

Martin Schleske, Herztöne. Lauschen auf den Klang des Lebens, © adeo Verlag, Asslar, 2016.

Martin Schleske, Herztöne. Das kleine Buch © adeo Verlag, Asslar, 2018.

Simone Weil, Gustave Thibon, Friedhelm Kemp, Schwerkraft und Gnade, 1952.

Immanuel Kant, Grundlegung zur Metaphysik der Sitten, Vol. 28, L. Heimann, 1870.

Bildnachweise

S. 6: Willyam Bradberry, DM7; S. 7: Willyam Bradberry, DM7; S. 8: CHAIWATPHOTOS, S. 11: RealVector; S: 13: Vector Tradition; S. 14: THP Creative; S. 18: Marcel Derweduwen; S. 19: jollys_art; S. 21: restyler, Sudakarn Vivatvanichkul; S. 23: Elein K; S. 25: Jerry Lin, Dwiangga; S. 27: Vitalii Nesterchuk; S. 32: Duda Vasilii; S.35; Willyam Bradberry; S. 37: 13ree.design; S. 38: Macrovector; S. 40: PlutusART; S. 41: RANI ICON; S. 42: Krylovochka; S. 44: Anatolir; S. 45: Media Guru; S. 46: studiovin; S. 55: a.mac; S. 61: julymilks; S. 63: AVA Bitter, Vikks, dilyanah, davooda, AVIcon, S. 66: Digital Bazaar; S. 69: MuchMania; S. 76: svtdesign; S. 79: Atstock Productions; S. 85: jeep5d; S. 87: Rvector; S. 88: Voin_Sveta; S. 91: artproem, baibaz; S. 97: arvitalyaart; S. 103: GrandeDuc; S. 111: k_nastia; S. 113: Yellow Cat, r.classen; S. 117: Catalyst Labs; S. 123: GrandeDuc; S. 127: E2.art.lab; S. 130: topseller; S. 134: Abscent Vector; S. 139: galacticus; S. 140: Rizallabrie; S. 142: estherpoon; S. 145: kuroksta; S. 154: Red Panda Design; S. 159: galacticus; S. 164: Aygun Ali, Aratehortua; S. 169: kuroksta; S. 171: art marta; S. 185: GrandeDuc; S. 195: vovan; S. 199: tutsi (alle shutterstock); S. 56: Jan Revazov

1. Auflage März 2023
Bestell-Nr. 835358
ISBN 978-3-86334-358-3

Umschlaggestaltung und Innenlayout: Grafikbüro Sonnhüter
Coverfoto: Sergej Falk, Vegorus (shutterstock.com)
Druck und Verarbeitung: Dimograf
Printed in Poland

www.adeo-verlag.de